中国古代文学巨匠

徐 潜 主编

吉林文史出版社

图书在版编目（CIP）数据

中国古代文学巨匠 / 徐潜主编 . —长春：吉林文史
出版社，2013.4（2023.7 重印）

ISBN 978-7-5472-1520-3

Ⅰ.①中… Ⅱ.①徐… Ⅲ.①作家-生平事迹-
中国-古代-通俗读物 Ⅳ.①K825.6-49

中国版本图书馆 CIP 数据核字（2013）第 063611 号

中国古代文学巨匠

ZHONGGUO GUDAI WENXUE JUJIANG

主　　编　徐　潜
副 主 编　张　克　崔博华
责任编辑　张雅婷
装帧设计　映象视觉
出版发行　吉林文史出版社有限责任公司
地　　址　长春市福祉大路 5788 号
印　　刷　三河市燕春印务有限公司
版　　次　2013 年 4 月第 1 版
印　　次　2023 年 7 月第 4 次印刷
开　　本　720mm×1000mm　1/16
印　　张　12
字　　数　250 千
书　　号　ISBN 978-7-5472-1520-3
定　　价　45.00 元

序　言

　　民族的复兴离不开文化的繁荣,文化的繁荣离不开对既有文化传统的继承和普及。这套《中国文化知识文库》就是基于对中国文化传统的继承和普及而策划的。我们想通过这套图书把具有悠久历史和灿烂辉煌的中国文化展示出来,让具有初中以上文化水平的读者能够全面深入地了解中国的历史和文化,为我们今天振兴民族文化,创新当代文明树立自信心和责任感。

　　其实,中国文化与世界其他各民族的文化一样,都是一个庞大而复杂的"综合体",是一种长期积淀的文明结晶。就像手心和手背一样,我们今天想要的和不想要的都交融在一起。我们想通过这套书,把那些文化中的闪光点凸现出来,为今天的社会主义精神文明建设提供有价值的营养。做好对传统文化的扬弃是每一个发展中的民族首先要正视的一个课题,我们希望这套文库能在这方面有所作为。

　　在这套以知识点为话题的图书中,我们力争做到图文并茂,介绍全面,语言通俗,雅俗共赏。让它可读、可赏、可藏、可赠。吉林文史出版社做书的准则是"使人崇高,使人聪明",这也是我们做这套书所遵循的。做得不足之处,也请读者批评指正。

编　者

2012 年 12 月

目 录

名士风流——竹林七贤

"竹林七贤"是指魏晋时期的嵇康、阮籍、山涛、向秀、刘伶、王戎及阮咸七位名士，他们常在竹林中聚会，因此得了这个雅号。在混乱黑暗的时代，竹林七贤把老庄哲学的无为、尚真与返归自然的精神发展到了极致，形成了一种自由解放的新气象和不伪饰、不矫情、顺其自然的新的道德风尚。东晋之后，竹林七贤的影响逐渐传播开来。随着时光的推移，他们已成为魏晋时期文人精神理想的一种象征。

一、竹林七贤与竹林玄学

竹林七贤是指魏晋时期的嵇康、阮籍、山涛、向秀、刘伶、王戎及阮咸七位名士。他们常在河内郡山阳县（今河南修武附近）的竹林中聚会，因此得了这么个雅号。东晋之后，竹林七贤的影响逐渐传播开来，随着时光的推移，他们已成为中国传统文化的符号，更是魏晋时期文人精神理想的一种象征。

汉朝末年，天下大乱，曹操挟天子以令诸侯，取得了政治上的优势，经过二十余年的征战，逐步统一了中国北方地区，为曹魏政权的建立奠定了基础。公元220年正月，曹操病逝于洛阳。同年十月，东汉献帝无可奈何地以所谓"禅让"形式交出了皇位，曹操的儿子曹丕代汉称帝，建立魏朝。然而，还不足半个世纪，尚未饱尝皇权之乐趣的曹氏家族便不得不面临一场被司马氏家族取代的悲剧。

司马氏是汉末河内望族，这个家族的几个成员，特别是司马懿，曾经在抗击东吴、蜀汉的战役中表现突出，为曹魏政权的稳固和发展立下赫赫战功，受到曹魏统治者的重用。公元226年，曹丕病逝，临终前他将自己的儿子魏明帝曹叡托给司马懿和曹魏宗室的大将军曹真等人辅佐。公元239年，曹叡去世，年仅8岁的曹芳继任，改元"正始"。由司马懿和曹真的儿子大将军曹爽共同辅佐。随着他们威望的日增，他们的欲望和野心也日益膨胀，为谋求更高的权位，司马懿和曹爽展开了政治上的较量。年轻的曹爽先下一城，奏请当时的皇帝曹芳降旨，封了司马懿一个有名无实的太傅，架空了他的权力。老谋深算的司马懿则将计就计用在家装病的方法来麻痹对方，暗中等待时机，准备发动致命一击。公元243年，大将军曹爽随皇帝曹芳外出扫墓，托病在家的司马懿抓住了时机，迅速组织力量屯兵司马门，控制了京都，史称"高平陵之变"。在这场政变中，司马懿将曹爽兄弟及其僚属尽数杀戮，夷灭三族，从此控制了曹魏政权。

司马懿死后，继承他事业的长子司马师更是把朝廷变成司马氏一家的天下，不仅安插大

量亲信在重要位置任职，逐渐铲除尚在内朝的曹氏残余势力，而且还废黜了不太听话的魏帝曹芳，另立高贵乡公曹髦为帝。

不久，司马师病死在许昌。他的弟弟司马昭继之执掌朝政，被封为晋公。此时，司马氏集团的险恶用心已昭然若揭。公元260年，威权日去又不胜其辱的曹髦，竟以皇帝之尊，亲执刀剑，率领近侍和僮仆数百人，鼓噪出宫，讨伐司马昭，结果被司马昭的死党贾充、成济等人刺杀于南阙之下。

公元262年灭蜀之后，司马昭的功勋达到极点，被封为晋王，出入戴皇帝旒冕，使用皇帝仪仗，在封国内自行设置官员，实际上已成了不登皇位的皇帝。

司马昭去世后，其长子司马炎承袭其位。他不像祖父辈那样躲躲闪闪，在元帝曹奂咸熙二年便指使王沈、贾充、何曾等人，用当年曹丕逼迫汉献帝禅位的方式，把曹奂赶出皇宫，急不可耐地登上皇位，建立了晋朝，史称西晋。

司马氏集团在利用手中强大的军事力量夺取政权的同时，并没有忘记给自己戴上遵守儒家伦理规范的假面具。他们捡起被人们遗弃的纲常名教，遮掩其篡位的阴谋，拉拢约束自己的党徒，诛除异己。一时间造成了人人自危的局面。于是，远离政治斗争的核心，避免对政治问题的争论，遁形于山林，明哲保身，便成了当时士人的选择。"竹林七贤"就是其中比较有代表性的士人团体。他们常常在竹林中聚会，纵酒行乐，谈玄论道，过着潇洒倜傥的生活。

众所周知，玄学的理论基石经历了从"贵无"到"崇有"，再到"虚无"的否定之否定这一过程。这一过程，实际上就是玄学家从政治改革寻找出路，转向为士族文人自身寻找人生精神归宿的转变过程。值得注意的是，玄学"有无"之说的探索演变过程，正是士人对于"名教"和"自然"两种人生态度进行比较遴选的过程。从根本上说，士族文人关于"名教"和"自然"的选择，正是玄学关于"有"和"无"的政治哲学在士人政治生活选择中的投影。正始十年（公元249年）高平陵事变之后，司马氏统治权威的确立形成，随着何晏、王弼、夏侯玄等第一代玄学元老的先后离世，玄学的政治主题也基本宣告结束。这个事实告诉人们，无论统治者按玄学家所设计的那样，以"平淡无味"的"中庸之德"来进行统治，还是玄学家自己以"平淡无味"的态度面对社会政治问题，都是行不通的。

对于嵇康、阮籍等竹林文人来说，讨论政治问题不但危险，而且有些奢侈。因为这时最重要的问题，已经不是宇宙的本原和理想人格的问题，而是在改朝换代的复杂时期，士族文人的生存问题和他们的精神寄托问题。他们拿起了王弼哲学中的"崇本息末"的理论武器，用来作为自己的人生信条。他们认为这一时期最重要的"本"即是士族文人自身的精神支柱，一个只能存在于纯粹意识世界中的自我；而此时的"末"则包括所有那些现实世界的利益和枷锁，即所谓"名"。于是，王弼"崇本息末"的理论就被嵇康、阮籍等人明确而正式地改造和理解为"越名教而任自然"的口号。玄学的政治主题也就自觉地演化为人生主题了。

标志这一玄学人生主题确立的，是文人个体精神寄托的无限自由和自我的精神人格，这种人格就是阮籍在《大人先生传》中着力描绘的大人先生形象。大人先生有着独特的时空尺度，"以万里为一步，以千岁为一朝，行不赴而居不处，求乎大道而无所寓"。这里的"大道"表层意义为大路，实则指自然之大道，本体之大道。这种"道"已泯灭了时空的界限，"无先无后，莫究其极""乃与造化同体，天地并生，逍遥浮世，与道俱成，变化散聚，不常其形"。大人先生的人格力量涵盖了整个宇宙、历史和人类，向着永恒无限性展开。大人先生式的人格和理想，是阮籍的追求。这种追求途径以纯粹自然的本真方式加入到宇宙大化之中去彻悟宇宙生命的伟大，提升人的境界，最终以诗化的形式来实现对死亡和痛苦的消解与超越。这种理想的人格精神境界永远是可望而不可即的。在《清思赋》中，阮籍将自己的理想境界虚拟为一位美妙无比的"河女"（织女）。"河女"如初升之云霞，"采色杂而成文兮，忽离散而不留""若将言之未发兮，又气变而漂浮""自流眄而自别兮，心欲来而貌辽"，一种可望而不可即的超人形象。这就是世间凡人对这种超凡人格境界的仰视角度。

据说阮籍这一思想的形成，受到了当时著名隐士苏门山人孙登的启示。据史书记载：阮籍"嗜酒能啸"。魏晋名士经常优游于山林，尽情享受着现实生活中无法享受的欢愉，他们用啸声表达自己的感受。因此那时啸风盛行，啸也是名士的一种风度。阮籍在当时是最善啸的名士之一，据说他的啸声能传出几百步远。

阮籍听砍柴伐木的人说，苏门山中居住着一位得道的真人——孙登。夏天他穿着草编的衣服防暑，冬天他用长长的头发盖住自己保暖。平时常弹奏只有一根弦的琴自娱自乐。几经寻访，阮籍终于在大山深处找到了孙登。见面后，两人伸开双腿在岩石上相对而坐。阮籍便滔滔不绝地谈起古来圣贤的丰功伟绩和淳厚美德，然而孙登就像是没听见一样，理都不理；阮籍以为他对这个话题不感兴趣，又和他说起自己对儒道两家的学说见解。孙登还是不置可否；阮籍无奈，长啸一声。孙登这才开口说道："不妨再啸一声。"阮籍又啸了一声，直到兴致尽了，才退下山来。走到半山腰的时候，山上忽然发出巨响，像几支乐队在演奏，满山满谷都充斥着回响。仔细一听才知道，是苏门山人孙登从丹田之中发出的啸声，那纯净的啸声令阮籍不自觉地停下脚步，侧耳倾听。从孙登响彻山谷的啸声中，阮籍领悟到了人生自由境界的所在。也意识到，与孙登相比自己并没有真正脱俗，于是回到家中便挥笔写下了《大人先生传》。他笔下大人先生的超脱之姿和自由之境，正是受苏门山人的啸声而激发的人生理想。

嵇康以自然超脱为生命之本，以名教入世为生命之末的思想与阮籍是一致的。在《卜疑集》中，嵇康模仿屈原《卜居》，在自问自答中，对自己的人生旨趣进行了一次认真的反思与抉择。首先，他通过虚构的宏达先生，表明了自己高洁的心性和身处浊世的彷徨心绪；继而对如何立身行事提出了一系列疑问，若将其所提的数十个疑问予以归纳，主题只有一个，即"出"与"入"的矛盾抉择，是继续坚守节操，维护人格的独立自由；还是进身竞逐，与邪恶的社会同流合污。最后，通过太史贞父之口，说出了自己的选择："文明在中，见素表璞；内不愧心，外不负俗；交不为利，仕不谋禄；鉴乎古今，涤情荡欲。"明确了他的人生追求和行为准则。

所有这些表明，嵇康最终选择返归自然，并不是在任情纵欲的时代思潮中随波逐流，而是认真思考后的理性抉择。什么是自然？为什么返归自然？返归自然后要过一种怎样的生活？他都已想得很清楚了。嵇康的自然，源于庄子，而有所超越。在《释私论》中，他这样解释自然的人生理想："夫称君子者，心无措乎是非。而行不远乎道者也……夫气静神虚者，心不存乎矜尚；体亮心达者，情不系于所欲。矜尚不存乎心，故能越名教而任自然；情不系于所欲，故能审贵贱而通物情。物情顺通，故大道无违；越名任心，故是非无措也。是以言君子，则以无措为主，以通物为美。"这里作为理想人格的"君子"需具备两个要素，一是无措，即不刻意地计较是非得失，不受世俗的纷扰。二是通物，即顺通事物本来的态势。这样的解释具有很大的包容性，据此可以作多种延伸。嵇康从"通物情"把自然引向了自我。从上下文的对应关系来看，上言"越名教而任自然"，不是听任原始野性的泛滥，而是以真统率，以不害众为原则，返回自然的本性，接受自然的法则，在触景而动、任心而行中体现善的准则。"越名教而任自然"的本质是摒弃言行当中那些虚伪的表现，返回到自然纯净的心灵。下言"越名任心""越名教"，就是超越名教背后一切虚伪的言行。"任自然"即"任心"，自然即心，即我心之自然。

以嵇康、阮籍为代表的竹林文人不仅以其理论文字，更重要的是以其人生实践着宣传玄学的理论根基"无"这一概念，并将其从政治人格建构变为人生态度，完成了这一历史性的转变。而这种人生态度的外化表现就是他们从对名教的依恋，终于转变为彻底地放弃名教，代之以自然的人生选择。

正始名士的玄学思想和人生态度的转变，其核心在于以超然的人生态度取代热衷政治的强烈欲望，其外在表现形式则是以放诞不羁的行为作风取代蝇营狗苟的政治角逐。简言之，就是崇尚自然取代了追逐名教。

二、刚肠嫉恶的嵇康

嵇康是竹林七贤的代表人物。嵇康（223—262年），字叔夜。本姓奚，祖籍会稽（今浙江绍兴），其先人因躲避仇家，迁至谯国铚县（今安徽淮北临涣镇），改姓嵇。关于为什么改姓嵇，历史上有两种不同的说法，一种是取其祖籍所在地会稽的"稽"字上半部分，加在"山"字之上，以此为姓，用以纪念祖籍之地，表示永不忘本的意思；另外一种说法说铚县有一座山，名叫嵇山，因为奚家迁移至此，安家在山的旁边，取山名作为自己的姓氏，所以姓嵇。

嵇康小的时候父亲就去世了，由母亲和兄长把他抚养长大。他励志勤学、广有才名，在哲学、文学、书画、音律方面很有造诣。史书记载，成年后的嵇康高大魁梧、仪表堂堂，虽然不刻意装扮自己，却能通过超脱的气度流露出自然的美感。在魏晋那样一个注重外貌风度的时代，这样一位玉树临风、气度非凡的名士，自然备受推崇，声名远播。

嵇康20多岁的时候，娶了曹魏宗室的长乐亭公主（一说为曹操孙女，曹林之女；一说为曹操曾孙女，曹林的孙女）为妻。婚后的嵇康被朝廷封为中散大夫，故世称嵇中散。据记载，中散大夫只是个俸禄六百石、掌管议论的闲职。但嵇康是一个崇尚自由、不受束缚的人，他不愿与政治有过多的瓜葛，即使是个挂名的闲职，对他来说仍然是一种羁绊。同时，嵇康也十分清楚，在当时复杂的政治环境中，自己作为曹魏宗室的姻亲，即便政治上没有什么作为，也还是很容易受到司马氏的猜忌。与其诚惶诚恐地在朝中做官，不如找一个山清水秀的地方居住下来，做一些自己喜欢做的事情。于是他离开了朝廷，来到河内山阳，在这里一住就是二十年。

据考证，山阳就在今天河南省修武县百家岩附近，百家岩是天门山南坡下一个约高170米、宽500米的巨大峭壁，峭壁下一低矮的小山便是嵇山。峭壁与嵇山之间有一片约宽30米、长100米的平缓地，可供百家人居住，故名百家岩。竹林之游的古迹，也集中在这一带，如刘伶醒酒台、孙登长啸台、阮氏竹林、嵇康淬剑池等。对此处的自然与人文地理，《元和郡县志》《太平寰宇记》《明统一志》《河南通志》《大清一统志》《道光修武县志》等，均作了详细记载。

另外，修武县考古部门近几年在百家岩发现了嵇康锻铁的遗址和竹林七贤饮酒用过的酒坛。专家们在百家岩发现了暴露于地表的红烧土约五平方米，红烧土的四周有许多汉代瓦当、红陶菱形纹饰缸沿和陶片，并出土酒坛三个。根据该酒坛的质地、彩绘、纹饰、造型判断，该酒坛完全符合魏晋时期的制陶风格，由此确定为嵇康锻铁遗址和竹林七贤酒坛。

那么，嵇康为什么会选择在百家岩隐居呢？百家岩所在的云台山风景秀美，潺潺的山泉掩映于茂林修竹之间，而且云台山距都城洛阳仅有二百多里，毗邻贯通全国的古驿道，交通便利，信息畅通。为名士的游乐和学术交流提供了条件。这里既无物质之匮乏，又无文化之寂寞，也就成了嵇康隐居的首选之地，也是他暂时获得精神超越的理想乐土。

嵇康虽然隐居在云台山的百家岩，但还是声名远播。他风流倜傥、玉树临风、博古通今、长于清谈、琴艺超群，生性好酒，不拘礼法，倾慕神仙，注重养生。他把士人心目中"高士"的优点和行迹集于一身，以崇高的人格之美感召着身边的人。阮籍、山涛、向秀、刘伶、阮咸、王戎等人都先后来到这里与他结交，他们在竹林中纵酒长啸、畅谈玄理。以狂傲放荡的叛逆姿态，蔑视一切外在的律令成规和礼法时俗，超越一切虚伪的道德纲常，让生命回归自然，让精神享受自由，实现着庄子所阐述的"逍遥游"理想。

隐居在百家岩的嵇康除了和朋友们一起饮酒、谈玄，还常以打铁为乐。红红的火苗，乒乒的响声，使他感受到生活的充实和丰厚。周围的乡亲看他的手艺不错，常常请他帮忙打些镰刀、锄头一类的农具，对于人家送来的报酬，嵇

中国古代文学巨匠

康从来都推辞不受。时间长了，大家觉得过意不去，便不时地送些酒肉到他家里，以示感谢。每到这时，嵇康总是显得特别高兴，他把酒肉摆好，留下来人和他一起享用。席间说说笑笑，好不热闹。然而，对待那些不速之客，嵇康就完全是另一种态度了。

贵公子钟会是司马昭的宠臣，有才善辩，他久慕嵇康大名，想要拜会他。一日，嵇康正在向秀的辅助下打铁，钟会带着大批的官员随从，前呼后拥浩浩荡荡地来到嵇康家拜访。嵇康本就不喜欢钟会这种趋炎附势的虚伪之人，见钟会大摇大摆地招摇过世，心中更是多了几分厌恶。他自顾自地抡起沉重的铁锤，吩咐向秀把风箱拉得呼呼作响。二人旁若无人地打起铁来。钟会在院子里站了许久，也没人招呼他，只好怏怏地打算离开。这时嵇康才爱理不理地对问道："何所闻而来？何所见而去？"钟会受了冷遇，又在众人面前失了面子。气呼呼地说："闻所闻而来！见所见而去！"说完，一甩袖子带着人走了。有了这一次的教训，钟会也明白，对于他这样的人，嵇康在骨子里是瞧不起的。他写完《四本论》，很想让嵇康看一看，于是把书揣在怀里，来到嵇康家门前。他在门外徘徊了很久，始终没有勇气进去，只得把书从墙外扔进了院子。钟会后来在司马昭面前污蔑嵇康的言行，恐怕在此时就埋下了祸心，同时更是源于他心里那种无时不在的压迫感和恐惧感。有嵇康这颗星光耀于世间，他就永远抬不起头来。

如果说打铁让嵇康体会到生活的平实之美，那么弹琴便让他感受到艺术的高雅之韵。嵇康"琴艺超伦"，在当时负有盛名，他最喜欢弹的曲子便是《广陵散》。《广陵散》是一首古琴曲，嵇康得到这首曲子的过程还有一个有趣的故事。

传说，有一次，嵇康到洛水之西游玩，住在华阳亭。当晚，皓月当空，四周十分幽静。他焚香祝祷毕，便取出随身带着的古琴弹奏起来。这时，一位穿戴古香古色的客人走到他身旁，嵇康请客人落了座，两人便谈论起音律来。见客人谈吐不凡，特别是对古琴的弹奏和琴曲的创作见解十分精辟，嵇康非常佩服。聊了一会儿，客人便弹奏了一曲。这是一首嵇康从未听到过的新曲。开始时，轻弹慢拨，弦音幽静，逐渐转为沉郁、悲愤；后来弹奏加快，力度渐强。随着手指在弦上的飞舞，琴声陡然激越雄壮，犹如勇士横戈跃马，又似豪侠挥矛击剑，真是妙极了。嵇康对客人高超的琴艺佩服得五体投地，客人便对嵇康讲起了这首琴曲的故事，他说："战国时期，韩国有个叫聂政的人，他的父亲因为没有按期为韩王铸造宝剑，被韩王杀害了。聂政发誓要为父亲报仇。他离开韩国到泰山刻苦学琴，十年后，终于成为一个高明的琴师。聂政回到韩国，在离王宫不远的地方弹琴，美妙的琴声使走路的人停下脚步。聂政高超的琴艺传到韩王耳朵里，韩王马上召他进宫演奏。进宫之前，聂政在琴箱里藏了一把匕首。韩王听着聂政的演奏，完全被那不同凡响的音乐迷住了。就在这时，聂政从琴内抽出匕首，猛扑上去，一刀刺进了韩王的胸膛。接着，他又用匕首将自己的面容毁坏，免得让人认出他的样貌，连累家人。最后，聂政自刎而死。"

客人告诉嵇康，刚才他弹的曲子，名叫《广陵散》，表现的就是聂政刺韩王的故事。嵇康听了，恳切地请求客人教他。客人一段一段耐心地教给了嵇康，并再三叮嘱他千万不要再把《广陵散》传给其他人。说完，客人便飘然而去了。

嵇康得此爱曲，勤奋练习，把《广陵散》演绎得愈发尽善尽美。于是，听他弹奏《广陵散》，也就成为朋友们竹林聚会时难得的享受。

嵇康不但琴艺精湛，而且对音律也有很深的造诣，他是当时杰出的音乐理论家。他撰写的《琴赋》主要表现了他对琴和音乐的理解，同时也反映了嵇康与儒家传统思想相左的看法。他还撰写了《声无哀乐论》，着重探讨了音乐的本质、音乐与情感的关系、音乐与教化的关系三个方面的问题，也就是音乐自身的规定性问题。他提出，声音源于自然，不会因为人们的喜怒哀乐而有所变化，声音本身是不具备情感的，更没有悲喜之分。声音的感情色彩是人赋予的，只有把声音和人的主观情感体验结合在一起，才有了哀乐。

嵇康还善于写诗，特别是四言诗，现存的诗歌有六十多首，四言诗占了一半以上。作为魏晋玄学的代表人物，嵇康不仅是诗人，还是著名的玄学家、文学家。流传下来的散文有十五篇。文章中展示了他对宇宙、社会、人生的思考。

公元 255 年，司马昭想把大名鼎鼎的嵇康征召到朝廷为其效命。嵇康不愿意，只好离开了竹林，躲到了河东。一走就是三年。在大山里，嵇康遇到了大隐士苏门山人孙登。他与孙登相处了三年，每次向他请教问题时，孙登都是避而不答。

嵇康常常因此而惋惜。直到临别时，嵇康遗憾地对孙登说："我要走了，您真的没有什么话要对我说了吗？"这时，孙登才慢悠悠地说："你不了解火吗？火生来就有光，可是它也要靠干柴来保持它的光焰。人生而有才，但也要识时务，才能保全自己的生命。"孙登又告诫嵇康："你很有才能，但缺少远见。当今之世，想要免除灾难、保全自身是很难的。今后你要谨慎做人，少发表议论。"事情证明，孙登这种说法是很有预见的。

公元 261 年，山涛由吏部选曹郎调任大将军从事中郎，他向司马昭推荐好友嵇康接替他的位置。为了表明自己绝不出仕的态度和立场，嵇康写了《与山巨源绝交书》。在信中，他陈述了自己不能从命的原因。有所谓的"必不堪者七"和"甚不可者二"。

"必不堪者七"也就是七个绝对不能忍受的事：做官不能睡懒觉，为一不堪；喜欢弹琴唱歌、打猎钓鱼，而做了官后，身边有吏卒守候，无法随意行动，为二不堪；身上长虱子，咬得难受，要不停地搔痒。可做官要头戴官帽、身穿官服，拜见上司，需长时间正襟危坐，腿脚发麻，也不得动弹，为三不堪；一直不善于写信，也不喜欢写信。做官后人事关系复杂了，往往书信堆满几案，你不及时处理吧，别人会说你玩忽职守。要勉强去做，又是本性难以为之的，为四不堪；平生最讨厌吊丧，世人则看得很重，做了官要违心顺俗地去做这些事，为五不堪；不喜欢俗气的人，做了官要与他们周旋，每天耳朵里装的都是闲言碎语，面对的是千奇百怪的面孔和伎俩，为六不堪；性情急躁怕麻烦，做官劳神费心的事太多，为七不堪。

"甚不可者二"就是两个绝对不可以忍受的：一是平时喜欢"非汤武而薄周孔"，做官后也不会改变这个观点，这无法被当局所容忍；二是性格刚烈，嫉恶如仇，直率易怒，这种性格是做不好官的。据嵇康自述，他的这些古怪脾气自小养成。他幼时丧父，由母亲、长兄抚养成人。母兄溺爱，不加呵责，也不逼他读儒学经书，使他从未领教过外界的压力和约束，所以他只习惯于按照自己的意志行事，不会迁就于任何人和事，包括自己的生理要求——他小便急了，从不马上去厕所，总是憋着，实在憋不住了才肯起身。一月半月不洗头脸，蓬头垢面也是常事。身上长满虱子，不到痒得受不了的程度绝不去洗澡。如果说这些古怪的习惯是小时无意养成的话，那么长大以后，饱读诗书的嵇康更是有意放浪形骸，对自己不加约束。

嵇康在信中责怪山涛不了解朋友的个性，强人所难。嵇康在信里说的都是真心话。他确实是遇事便直言尽情，不知忌讳，这也是性格使然。"不堪者七"没什么大不了的，这只是嵇康不为官的一些借口。为官必然要多些繁文缛节，少了自由时间，这都是些小问题，不是要害问题。但那"甚不可者二"就不能等闲视之了。"一不可"："刚肠嫉恶，轻肆直言，遇事便发。"嵇康的性格就是如此，极端厌恶世间所谓"君子"的一切。他视学堂为太平间，视诵读为鬼话，视六经为垃圾，视仁义为腐臭。看一眼经书眼睛就会害病，学一下礼仪就会驼背，穿上礼服就会筋骨扭转，谈起礼典就会牙齿烂掉。这已经很大逆不道了。再加上"二不可"："非汤武而薄周孔"，这个就更严重了。汤武是以武力平定天下的，周公是辅佐成王的，孔子是祖述尧舜的，尧舜是禅让天下的。司马氏一直在觊觎曹魏天下，打的就是迫使曹魏天子将政权禅让给自己的主意。嵇康狠狠地戳到了司马氏的痛处，司马昭是绝不会放过他的。

嵇康当然也明白这一点。他把绝交信写那么长，就是他对山涛的坦诚倾诉。嵇康这样泾渭分明地和山涛划清界限，其真正目的并不是要从此切断他们的友谊，而是向司马氏表明自己不愿为官的立场。如果只是友情覆水难收，完全可以冷冰冰地三言两语应付了事，甚至不置一词。

嵇康之后还写过另外一封绝交书，绝交对象是吕巽，即吕安的哥哥。吕巽、吕安两兄弟原本都是嵇康的朋友，但这两兄弟突然闹了一场矛盾。原来吕巽看上了弟弟吕安的妻子，偷偷地把她灌醉并占有了她。吕安本打算将哥哥告上朝廷，但嵇康劝阻他家丑不可外扬，让他先忍下来。谁知，吕巽为了掩饰自己的罪行，居然恶人先告状，给弟弟安了一个"不孝"的罪名，还上诉到了朝廷。嵇康当即拍案而起为吕安辩解。但在吕巽的蛊惑下，吕安已因"不孝"而获罪，嵇康唯一能做的就是痛骂吕巽一顿，并宣布与之绝交。这次的绝交信写得很短，也极其悲愤。在心中，嵇康怒斥吕巽诬陷无辜、包藏祸心，后悔自己以前无原则地劝吕安忍让，自愧对不起吕安。

中国古代文学巨匠

而对于吕巽，除了决裂，已无话可说。

获罪后的吕安激愤难平，他给嵇康写了一封信，信中有"顾影中原，愤气云踊……平涤九区"等词句。这不能不使人联想到扫平司马氏政权的意味。作为收信者，嵇康也被卷入此案，但他仍旧义正词严地为吕安进行辩护，这无疑正中了司马昭的下怀。嵇康、吕安两人都被捕入狱。现在到了司马昭跟嵇康算总账的时候了——想到嵇康在《与山巨源绝交书》中对自己的公开挑衅，司马昭便愤恨难平。这时，曾在嵇康那里颜面尽丧的钟会又来添油加醋，司马昭更是勃然大怒，决定杀掉嵇康。虽然也有很多人为嵇康求情，但最终嵇康和吕安还是被判了死刑。当时有三千太学生向朝廷请愿，请求赦免嵇康，并要拜嵇康为师。然而，在权贵者眼中，嵇康的桀骜和社会影响力是比莫须有的罪名更大的威胁，他们加害嵇康的决心反而更加坚定了。

公元262年8月的一天，嵇康被带到了刑场。面对即将到来的死亡，嵇康神态从容、镇定自若。此刻，嵇康所想的，不是自己的生命即将终止，而是一首美妙绝伦的乐曲从此后继无人。他环顾日影，发现行刑尚且有些时辰，便要来了一把琴。在高高的刑台上，面对浩浩荡荡前来为他送行的队伍，嵇康最后弹奏了一次《广陵散》。铮铮的琴声，神秘的曲调，飘进了每个人的心里。弹奏完毕，嵇康感叹地说："《广陵散》从今绝矣！"说完便引颈受刑，时年39岁。

嵇康以自己的人生实践了"越名教而任自然"的玄学主张，树立了一个鲜明、独立的自我形象。高洁的操守，凛然的气节，深邃的思想，不违心、不匿情的自由个性，"爽朗清举"、潇洒飘逸的风姿，使这个形象具备了理想名士的一切要素。后世在谈到竹林七贤时，首先提到的通常都是嵇康，不仅因为他遗世而独立的品行、渊博的知识与率真的情感，更因为在竹林七贤中，从某种意义上说，只有他将人格精神的自然率真坚持到了生命的终点。

三、为"青白眼"的阮籍

鲁迅在《魏晋风度及文章与药及酒之关系》中说："竹林的代表是嵇康和阮籍。"阮籍（210—263 年），字嗣宗。陈留尉氏（今属河南开封）人。曾经做过步兵校尉，因此被人们称为阮步兵。阮氏是个大家族，世代儒学，阮籍的父亲阮瑀是建安七子之一，是著名的诗人和散文家，善解音律，曾经做过曹操的幕僚。阮籍 3 岁的时候他的父亲就去世了，留下阮籍和母亲相依为命，过得十分凄苦。曹氏父子顾念阮瑀长期为他们服务的情意，对阮籍母子颇为照顾。尤其是曹丕，他和王粲等人同题作《寡妇赋》，表达了对阮籍母子的同情。受家庭中浓厚文化氛围的影响，阮籍从小就有"济世志"，与众不同，8 岁就能写文章。其叔父阮武曾任清河太守，对阮籍十分看重，认为这个孩子必然终将超过自己。阮籍青少年时就养成了磊落不群、潇洒不羁的个性，在当时赢得了很高的声誉。长大后的阮籍更是博览群书，学识渊博，而且英俊潇洒，放浪形骸，成为一时之名士。

"男女授受不亲"是名教的一大讲究。当时的礼俗中有"叔嫂不通问"的规矩，也就是小叔不能同嫂嫂说话。阮籍不但不理会这一套，还要加以抨击。有一次，阮籍的嫂嫂要回娘家住一阵子，阮籍听说之后，赶紧跑回家当面与嫂子话别。别人嘲笑他的行为不合礼法。他却满不在乎地说："礼法怎么会是为我这样的人设立的呢？"据史书记载，阮籍家旁边有一家小酒铺，酒铺的老板娘长得颇有几分姿色。为此，阮籍和王戎经常到她的酒铺里去喝酒，醉了便倒在酒铺里呼呼大睡，老板娘也不以为意。酒铺的老板担心他们有什么不良的企图。可是，背地里观察了很久，发现他们除了喝酒之外没有任何不轨的行为，这才放下心来，不再理会他们。另据史书记载：阮籍邻居家的女儿才貌双全，还没到嫁人的年龄就死了。阮籍听说后觉得很惋惜，便要前去吊唁。他与人家既没有亲戚关系，之前也不认识，走到灵堂中突兀地嚎啕大哭起来，一直到哭尽了胸中的哀叹之情，留下一屋子瞠目结舌的死者亲属，才扬长而去。

作为名士的阮籍，也是官场拉拢的对象。大约在正始三年（242年）前后，久慕阮籍之名的太尉蒋济，想请阮籍做他的下属，阮籍得知后，写了一篇《奏记》，声称自己浑身无力，连走路都困难。后来阮籍在亲友的劝说下勉强才前去就任，但过了不久还是辞职了。正始八年，阮籍又做了朝廷的尚书郎，没多久又推病辞了官。之后他又受到大将军曹爽的征诏，阮籍仍然采用老办法，称病不去赴任。不愿做官的阮籍，或闭门读书累月不出，或游弋于丘陵之间流连忘返。与嵇康结识的阮籍大有相见恨晚之感，便欣然开始了竹林之游。

"高平陵事变"之后，曹魏政权的权柄彻底落入了司马氏手中，老谋深算的司马懿明白，他的统治毕竟需要士人的支持，因此他对士人采取了威胁、拉拢、引诱的策略。那些与曹爽没有太多关联的士人，特别是享有盛誉的名士都成为司马懿积极笼络的人物。阮籍拒绝过曹爽的征召，又是名人之后，在司马懿看来，在政治上他没有倒向曹氏集团，又符合名士的条件，自然成为被拉拢的对象。面对生存或是死亡的选择，无奈之下，阮籍极不情愿地走出竹林，到朝中做官。可以说，他为了保全性命，一直没能离开官场，只能勉强自己过着"朝隐"的生活。所谓"朝隐"，就是只做官但不问事情。把朝廷、官场当作是自己隐居的地方。对此，阮籍的心中异常苦闷。史书记载，阮籍经常独自驾着车，载着酒，漫无目的地四处游荡，一直走到路的尽头，便走下车来嚎啕大哭，哭过之后重新上车，原路返回。

为了能够在官场中保全自己，阮籍常把醉酒作为躲避政治风险的手段。他听说步兵营里有人善于酿酒，储存的好酒有三百斛之多，便主动向司马昭请求步兵校尉一职，步兵校尉其实并不掌管兵权，只是个有名无实的职位。阮籍在那里终日饮酒，仍然觉得不过瘾，便把竹林中的好友刘伶也请去，两人一起酣饮。司马昭的宠臣钟会多次到阮籍家拜访，询问他对时事的看法，想借此网罗罪名。然而阮籍或发言玄远，或大醉不醒，终于躲过了劫难。阮籍有一女，容貌秀丽，司马昭想将其纳为儿媳，几次派遣使者登门求婚。阮籍对此进退维谷，左右为难。若答应，有损自己的声誉，还落个攀附权贵的坏名声；若不答应，得罪了司马昭，会有性命之忧。于是他天天沉醉于酒中，提亲的人来到家中，只见他烂醉如泥，不省人事，只得一走了之。这样一连六十多天，他都宿醉未醒。司马昭也无可奈何，联姻之事只得作罢。

"高平陵事变"后，掌握实权的司马氏重新打起了儒家"名教"的旗号，主张以"孝"治理天下。所谓"百善孝为先"，司马氏提倡以孝治天下，就是想让人们对他这个新的当权者尽"孝"，取代对曹家天子的"忠"。在中国，孝的名目很多，其中之一就是父母去世后儿子必须服丧三年、素食三年、守墓三年、寡欢三年。阮籍年幼丧父，是母亲一手将他抚养成人的，在那相依为命的日子里，母子感情之笃厚深重，可想而知。

公元 256 年，阮籍的母亲去世了。得知母亲去世的消息时，阮籍正在和别人下围棋，跟他下棋的人闻听这个噩耗，当即中断棋局，让嵇康赶紧回家为母亲料理身后事。阮籍却不同意，一定要决出胜负。下完棋后，阮籍喝了两斗酒，来到母亲身旁放声大哭，口吐鲜血，悲痛欲绝。根据《晋书》中的记载，母亲下葬的那一天，阮籍蒸了一头小猪，饮酒二斗，然后向母亲的遗体做最后的诀别，他大叫一声"完了！"又吐血数升，面容憔悴，几欲昏厥。出殡之前，一个叫裴楷的官员前往吊唁，遵照礼法，阮籍应该陪他一起哭泣。可是阮籍披散着头发，坐在那儿，一声不吭。裴楷便按照礼仪的规定独自哭悼阮籍的母亲。事后，有人问裴楷："凡去吊唁的人，主人哭，客人才能尽礼，阮籍都不哭，你还哭什么呢？"裴楷回答说："阮籍是方外之人，已经超越了礼法的限制，他可以不哭。我还在礼法当中，当然要遵从礼法哭悼阮母了。"裴楷所说的"方"就是社会的道德规范。魏晋时期，许多礼教的条条框框束缚着人们的思想和言行。而方外之士，则可以超越尘俗，不受礼教的约束。

阮籍还有翻转青白眼的能力。所谓青白眼，就是看人的时候，根据自己的好恶来决定露出黑眼珠还是白眼珠。阮籍的母亲死后，嵇康的哥哥嵇喜前来吊唁。嵇喜在朝中做官，在阮籍眼里他是礼法之士，是不受欢迎的，就给了他一个白眼，弄得嵇喜很没面子，匆匆吊唁完毕，就尴尬地退了出去。嵇康听说后，知道他不喜欢嵇喜，也不喜欢嵇喜那种凡俗的吊唁方式，于是带着酒挟着琴前来吊唁。阮籍很是动情，赶忙露出黑眼珠，走上前去，热情地接待他。

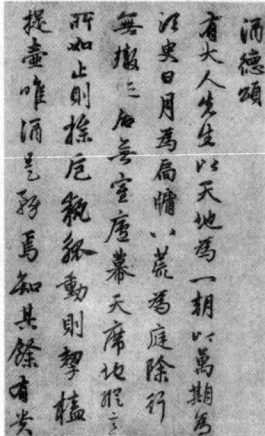

阮籍在居丧期间不合礼教的行为，自然受到一些礼法之士的诟病。阮籍的母亲死后不久，他应邀参加司马昭的一个宴会。席间，司隶校尉何曾公开斥责阮籍纵情悖理，是败俗之人。阮籍神态自若，一声不吭，照样喝酒吃肉。何曾见阮籍根本不理他，只好把头转向司马昭说："您以孝治理天下，阮籍作为您的臣子却在重孝期间喝酒吃肉，这样的行为是不合礼法的，应该把他放逐到荒远的海外，以正风化。"谁知司马昭却斥责何曾道："阮籍已经被折磨得如此憔悴不堪，你为什么不能和我一起为他担心呢？况且他身体有病，在居丧期间喝酒吃肉也是被礼教所允许的。"司马昭的一席话说得何曾哑口无言。当然，司马昭之所以如此维护阮籍，是有他的想法的。一方面，阮籍的行为虽然放诞不羁，有违司马氏所提倡的礼教和孝道，但那只是生活方式上的小问题，阮籍对政治上的是非无所议论，对当时的人物无所品评，不能对司马氏的统治造成实质性的损害；另一方面司马昭确实是爱惜阮籍有才，想借此让阮籍对他怀有感激之心，从而心甘情愿地为司马氏效力。同时，也想在天下世人面前显示他是多么的爱惜人才。

　　公元262年，曹髦死后，继任的小皇帝曹奂被迫要为司马昭加九锡。所谓九锡，就是古代帝王赐给有大功或有权势的诸侯大臣的九种物品。后世权臣篡位之前，一般都先加九锡。因此，加九锡也可以说是皇帝移位的预演。司马昭装腔作势地再三谦让，而那些公卿大臣们见溜须拍马、大献殷勤的机会到了，便苦劝司马昭接受九锡，他们考虑到阮籍名声高、影响大，便公推阮籍撰写劝进文章。从内心来讲，阮籍讨厌写这种为统治者歌功颂德的文章，但迫于司马昭的淫威，阮籍不能正面拒绝这件事。于是他故伎重演，终日酗酒。朝廷的使者追到他朋友袁孝尼家来要稿子时，阮籍仍宿醉未醒。被叫醒后，使者告诉阮籍，这一次你无论如何也躲不过去了。无奈之下，阮籍只好揉揉惺忪的睡眼，向袁孝尼借来纸笔，伏案疾书。不一会儿，一篇辞藻清丽的文章便完成了，通篇没有一处需要修改的地方，被时人称为"神笔"。

　　阮籍不只文章写得好，还是魏晋时期著名的诗人和玄学家。流传至今的《咏怀诗》有八十二首。就内容而言，"忧生之嗟"和"志在刺讥"在咏怀诗中占有很大的分量。除了这两大内容外，还有自述身世志向、念友、隐逸、游仙

等方面的描写。咏怀诗在艺术方面有两个极为显著的特色，即蕴藉含蓄和自然飘逸。蕴藉含蓄与文多隐蔽有直接关系。当时，由于曹魏政权和司马氏的斗争极为激烈，士人即便对社会现实有所不满，也不敢在作品中有明确的表露。因此阮籍创作的《咏怀诗》八十余首，运用比兴、象征、寄托，藉古讽今，寄寓情怀等多种写作技巧，形成了一种"悲愤哀怨，隐晦曲折"的诗风。这种含蓄，同他在生活中"发言玄远""口不臧否人物"的作风是完全一致的。因此，咏怀诗的含蓄，是时代现实的产物，也是阮籍本人的思想作风、处事态度的反映。从艺术创作的角度来看，含蓄不失为一种风格，他的好处是能够避免呆板直露，增加诗的深厚度，给读者以联想和回味的余地。在诗歌史上，他的咏怀诗占有很重要的地位。

阮籍违心地写完《劝进表》之后，一直生活在痛苦忧郁和失望自责中。一个多月以后，在一个寒冷的夜晚，54岁的阮籍离开了人世。临终之前，阮籍又想起自己与朋友们聚会的那片竹林，想起自己做的那首《咏怀诗》："一日复一夕，一夕复一朝。颜色改平常，精神自损消。胸中怀汤火，变化故相招。万事无穷极，知谋苦不饶。但恐须臾间，魂气随风飘。终身履薄冰，谁知我心焦。"

四、位列三公的山涛和王戎

玄学人格关怀的基点是主张个性自由，把人从名教的桎梏中解放出来，返璞归真，按照自己的爱好选择生活方式、展示个性。这种价值取向，无疑反衬出了名教道德生活的虚伪与乏味。竹林七贤之间趣味相投，但不是一般的"同"，而是在"和"这一前提下的"不同"。这种"不同"，是竹林七贤对"自然"的不同认知，是其每个人个性的充分体现。个性的展露其实就是竹林七贤对个体人格独立的一种追求，是其魏晋风度的具体体现。

著名的"竹林之游"，既是七贤共奉玄学思想的宣示，也是主张自由人格的结盟。在此大前提下，他们每个人又表现出不同的个性。

山涛（205—283 年），是竹林七贤中年龄最大的一位，字巨源。河内怀县(今河南省武陟)人。史书记载，他年少的时候就很有气量，为人宽宏，性好老庄。

同阮籍一样，山涛在竹林之游以前也曾涉足官场，做过河南从事。一天，山涛偶然听到司马懿托病不上朝的消息，政治嗅觉灵敏的他马上意识到，一场政治事变即将到来。不久，山涛和他的同事石鉴外出办事，在驿站中的夜晚，山涛辗转难眠，他推醒熟睡的石鉴，对他说："现在都什么时候了你还睡得着，你知道太傅托病不上朝意味着什么吗？"石鉴揉了揉眼睛不以为然地说："太傅不上朝，就让皇帝下一道诏令让他退休回家不就行了，你跟着急个什么劲儿啊！"山涛生气地对石鉴大声叫喊道："石兄啊，石兄，你处在飞奔的马群铁蹄之中，还自认为平安无事呢！"说完山涛不顾自己尚在任上，连夜逃回了老家。

能够结识嵇康、阮籍，山涛感到非常荣幸。《竹林七贤传》记载："山涛与阮籍、嵇康皆一面，而契若金兰。"山涛回家后曾经对妻子韩氏感叹道："此生只有他二人可以做朋友！"嵇康、阮籍在当时早已闻名遐迩，妇孺皆知。加上山涛的评价，韩氏便产生了好奇心，很想见他们一面，想亲眼目睹他们的风采。

于是山涛找了个机会，准备好酒菜，把嵇康和阮籍邀请到家中喝酒聊天，还把他们留宿在家里。山涛的妻子在墙上凿了个洞偷看，看得入了神，直到天亮都忘了离开。《世说新语·贤媛》中记载：事后山涛的妻子对他说："你的才智和他们相比，是远远不如的，你只能以度量和他们交朋友。"山涛也自认为是这样。他回答妻子说："他们也认为我是以度量见长。"

虽然山涛是因为崇尚老庄居于竹林七贤之列，可是他本质上却不是一个浪漫的文学家或忘情的政治家，而是一个拘泥世俗礼法的谦谦君子。山涛的性格决定了他不可能成为一个真正能忘情逍遥的人，他还身在红尘之中，有想立身扬名的野心，只不过因在政治上的远识，使他在政治斗争最厉害的时候避世远遁。一旦有飞黄腾达的机会，他还是会出仕的。

《晋书》本传记载，在山涛还没有做官的时候，家境很贫寒。每当妻子埋怨他无能时，山涛便说："你暂且忍耐这一时的贫苦，日后我必定贵为三公，不知你是否有能力做得高官夫人？"可见他对入世为官是早有打算的。然而，当司马氏集团和曹魏集团争夺政权，谁胜谁负尚不明朗之际，他却逃离官场，走进了竹林。显然，竹林只是山涛暂时的精神栖居地。他虽身在竹林中与朋友们谈玄饮酒，眼睛和耳朵却密切注意着来自京城洛阳的消息。

与竹林中的其他人不同，山涛与司马氏有着亲戚关系，司马懿的妻子张春华，是山涛的堂姑奶奶。所以司马师和司马昭都是山涛的表兄弟。传说，在山涛十七八岁的时候，族里人就在司马懿面前称赞过他。司马懿当时根本未加理会，并不以为然地说："山是个小姓，能有什么杰出人才？"高平陵事变后，局势日趋明朗，40岁的山涛主动走出竹林来到洛阳找司马氏求官。司马师热情接待了自己的这位表亲，并用玩笑的口吻说："吕望欲仕乎？"司马师所说的吕望就是商朝末年的姜太公，相传他垂钓于渭水之滨，80岁以后才遇到周文王，从而步入仕途，终于找到了一展雄才大略的机会。走进官场的山涛谨慎勤勉，深得司马氏信任。

公元264年，司马昭亲率大军，西征平息叛乱。当时，曹操的后人魏氏诸王都居住在邺城。司马昭担心他们会趁机闹事，就让山涛担任邺城的行军司马，并派出五百名士兵镇守。

出征之前司马昭嘱咐山涛："西边的叛乱我会平息，邺城的事就全靠你了。"待到司马昭西征归来，邺城果然平安无事。从此，司马昭对山涛更加信任倚重。山涛还担任过一个重要的官职是尚书吏部郎，职责是为朝廷选拔官吏。他在这个位置上一干就是十来年，每当遇到官缺，山涛总是提出好几个人选呈送上去，同时附上对所推荐人的品评。当时的人把这称为《山公启事》。山涛身居要职，有不少人想通过贿赂来与他建立关系，达到当官或升迁的目的。但山涛为官清廉、洁身自好，对于别人送来的东西他一律坚辞不受。不过，山涛也理解求官者的苦衷。因此，他对送礼的人不是怒目斥责，而是婉言拒绝。

　　景元二年（261年），山涛由吏部选曹郎调任大将军从事中郎，他打算举荐嵇康来代替自己。嵇康得知此事后，写了《与山巨源绝交书》表示拒绝。虽然嵇康只是想以此向统治者表明自己绝不出仕的决心，并非真正切断与山涛的友谊，但对山涛来说，这仍然是一件很没面子的事。然而，山涛不以为意，对于朋友，他向来宽怀大度。后来嵇康在刑场将自己的儿女托付给了山涛，并对儿子嵇绍说："巨源在，汝不孤矣！"嵇康死后，山涛悉心照料并抚养着他的儿女。在嵇康被杀的二十年后，山涛荐举嵇康的儿子嵇绍为秘书丞，终于演绎出一段"君子和而不同"的佳话。

　　山涛虽然曾在百家岩的竹林中和朋友们谈玄论道，但和嵇康、阮籍不同，他仍是礼法之士。孝，在他身上表现得尤为突出。据说，得到母亲生病的消息时，山涛立即告假回家。看见面容憔悴，消瘦卧床的母亲，山涛失声痛哭，责怪自己没有尽到儿子的责任。山涛整天守护在母亲身边，端水喂药，给母亲做的饭他都要先尝尝，看看香不香。母亲去世后，山涛虽然已经年逾六十，但仍居丧过礼，负土成坟，手植松柏。山涛还准备在母亲坟旁结庐守孝，借此机会告老还乡，没想到竟被朝廷驳回了。

　　公元265年8月，司马昭病死。四个月后，司马昭的儿子司马炎逼迫曹奂退位，自己在洛阳南郊受禅称帝，史称西晋。随着司马炎的登基，山涛的官也越做越大。后来，他终于当上了司徒，成了早年梦寐以求的三公。公元283年秋天，79岁的山涛得了一场大病，不久就去世了。

据说山涛的文章写得非常好，曾经著有《山涛集》十卷，可惜没有流传下来，如今，人们能看到的只是他的书法作品。

与山涛刚好相反，王戎(234—305年)字濬冲，是竹林七贤中最小的一位。王氏一族在林沂是有名望的大族，他的亲族辈中，便出了王衍、王澄、王导、王敦等人物，掌握着西东两晋政府的政坛，有"八王"之称。王戎的祖父担任过幽州刺使。王戎的父亲在曹魏时期担任过尚书郎、幽州刺史，后来被封为贞陵亭侯。

史书记载，王戎从小就很聪慧，据说他7岁时与小孩们一起游玩，路边李子树上果实累累，孩子们都争先恐后地去摘，只有他全不动心，有人问他为什么不去摘，他对人说："树在路边，上面还能保留这么多果子，这必定是味苦的李子。"等其他孩子摘下来一品尝，果然是苦李子。从此以后王戎便被称为"神童"。《晋书》本传还记载了王戎另外一个故事。魏明帝曹叡在位时，曾经弄来一只大老虎，关在京都洛阳宣武场的栅栏里，他发出告示说要请勇士拔去老虎的爪牙，允许全城的百姓前去观看，王戎也在看热闹的人群中。当勇士断掉老虎的爪牙后，老虎疼得发狂，不断地冲击着栅栏，并发出可怕的吼声。好像要从栅栏里冲出来似的。围观的人们都被惊呆了，有的四散奔逃，有的吓得瘫坐在地，场面一片混乱。只有王戎一点都不害怕，还看得津津有味。坐在城门楼上的魏明帝曹叡见此情景很是惊奇，派人去打听他的姓名。从此以后，王戎的大胆镇定便广为人知。

王戎能够加入竹林之游的行列得益于阮籍。他与阮籍相识时只有15岁。当时王戎的父亲王浑官任尚书郎，与阮籍是同事，常有往来。阮籍早就听说王浑有个儿子很是出众。一次阮籍去拜访王浑，看到王浑正与王戎弈棋。阮籍没有上前打扰，而是在一旁静静观看。当时王浑布错了一个棋子，想要悔棋。王戎并没有阻止，而是断言他举棋不定，必定是心中有事。正巧王浑那几天有事不决，要与阮籍商量。见到王戎一语点破王浑的心理，阮籍暗暗称奇。

从此以后，阮籍每一次来拜访王浑，谈不到几句话，就转到王戎的房间，这对忘年之交，一谈就是大半天。阮籍这样对王浑说："濬冲清俊绝伦，不是你比得上的。与阿戎说话，比与你说话来的有趣多了。"阮籍比王戎大

二十多岁，王戎能与他相谈甚欢，说明他有着很深的才学和高超的言谈本领。但是，加入竹林之游不久，阮籍就发现王戎有世俗之气，便找机会对他进行挖苦调侃。有一次，七贤中的几人在竹林中饮酒谈天，等了很久才见到王戎的身影。望着姗姗来迟的王戎，阮籍调侃地说："俗物又来败人的兴！"王戎也不示弱，笑嘻嘻地说："谁又能扫了像你们这样人的兴呢！"

公元257年，24岁的王戎被司马昭征为相国掾，此后，王戎又担任了散骑常侍、荆州刺史、豫州刺史、吏部尚书、太子太傅，最后官至司徒，位及三公之列。置身险恶的宦海，王戎如履薄冰。为了保全自己，减少政治冲突带来的危害，他不大过问政事。王戎的这种为官态度，是他处在危难之世，旨在避祸的一种策略。据史书记载，王戎把日常事务都放权给下属，他自己却身着便装，骑着小马，到处游山玩水。见到他的人，都不知道他是一位权贵。王戎奉行的是儒道合一的原则，他的人格也呈现出亦儒亦道混迹于世的圆滑特点。

另有传说王戎悭吝贪财。他的一位从侄结婚的时候，他"大方"地送了一件单衣，婚礼完毕之后又觉得心疼，火烧火燎地跑去要了回来。甚至对儿女他也并不大方。传说他女儿成家后，有次问他借了几万钱。几万钱虽不算少，但对于王戎来说，也不过九牛一毛。后来女儿回家探望父亲，没有提到还钱的事情，王戎的脸色就很难看。女儿赶紧掏出钱来还给父亲，王戎马上"然后乃欢"。

王戎也碰到过危险。西晋晚期，几个王爷带着兵互相征伐，打得不亦乐乎。齐王一度控制洛阳，另一个王爷河间王要组织联军讨伐齐王。齐王召集会议，讨论对敌策略。王戎当时担任尚书令的官员，级别很高。他在会上侃侃而谈，建议齐王安享天年，急流勇退，放弃权力。齐王的谋士勃然大怒，要把王戎处死示众。王戎当即要求退场去出恭。没过多久，就听外面传来呼救的喊声："了不得了了不得了，王大人掉茅坑里头了！"这位浑身恶臭的王大人就这样被平安送回了府第。王大人自称是因为"药发"才会失足跌入茅坑，但真相如何，我们不得而知。然而一通混乱下来，王戎逃得一命，倒是千真万确的。

又据史书记载，王戎在担任豫州刺史的时候，他的母亲病故了。在居丧问题上，他的表现与阮籍惊人的相似。他因悲痛至极而大量吐血，容貌毁损。以

名士风流——竹林七贤

23

至于身体虚弱得需要扶着拐杖才能站立。但是，同阮籍一样，王戎在居丧期间，不拘礼制，依然喝酒吃肉。他还走出灵堂观看别人下棋。可见，在他们心中，更注重的是内心的真实感受。他们显然认为，只要内心充满敬意，就不需要外在形式上的谦逊和客套；如果内心充满哀思，为什么还要遵照礼教的条条框框呢？在他们崇尚自然、不拘礼节的背后隐含的是合乎礼制的人性精神。

公元 305 年，王戎病逝，享年 72 岁。《晋书·本传》记载，王戎生前到过竹林聚会的地方重游。并对陪同他的人发出这样的感叹："我过去曾与嵇康、阮籍在此畅饮，共为竹林之游，自从他们两个去世后，我便被事务羁绊了。今日故地就在眼前，当年的事情却邈若山河了。"

五、各具风度的刘伶、阮咸、向秀

现实中的痛苦无法抒解，只能借助酒来麻醉自己。史书记载，中国的饮酒之风，兴盛于东汉末年，正始年间玄学产生后，酒普遍地开始进入士人的生活。竹林七贤和酒密切相关。他们聚会在竹林，肆意酣饮。其中最以饮酒闻名的当数刘伶。

刘伶，西晋沛国人（今安徽宿州），字伯伦，爱好老庄之学。刘伶身材矮小，容貌丑陋，在当时那个注重仪容风度的时代，这样的人纵使再有才华也不会被统治者所重视。刘伶为人通达诙谐、胸襟开阔、行为放达，特别是嗜酒如命。至今民间还流传着许多关于他饮酒的逸闻趣事。有一次，刘伶犯了酒瘾，向他的妻子要酒喝。妻子非常生气，将酒泼掉，毁了酒器，哭着劝说刘伶："您喝得太多了，这样有害健康，必须下决心戒掉。"刘伶说："你说得很对，可是我怕自己没有毅力戒掉，需要向鬼神祷祝，借助他们的能力帮我戒掉酒瘾。你快去准备好酒肉作贡品。"妻子点头称是，马上准备了酒肉供奉在神龛前，请刘伶祝誓。刘伶跪在地上念念有词道："上天生我刘伶，就是让我以酒闻名的，女人说的话，是不可以听信的。"说完便喝酒吃肉，不一会儿就醉了。伴随着狂饮而来的，自然是行为上的放荡。他好坦露身体，时常在家里脱光了衣服饮酒，客人进屋见到他这副尊容，都讥笑他伤风败俗。刘伶却不以为然："在我眼中，天地是我的房屋，室内才是我的衣裤，你们为什么要钻进我的裤裆里来呢？"表面上看，刘伶是在放浪形骸，然而其中展示的意境却是玄学强调的回归自然。在自然状况中，或许没有完人，因为人皆有缺点，而有缺点不加掩饰即具光明之心，所谓"直行"之人。人在自然状况中已然超越了世俗羞耻，只留下精神意念间的自由快乐。这醉酒优游之态，是借行状而超越世俗，体现玄学"有"与"无"之间的那种似有似无，看破一切又包容一切的意境。

刘伶平时沉默寡言，从不轻易与人结交，对人情世故也不关心。他常常乘着鹿车，携着酒壶，让仆人扛着锄头跟在后面，并嘱咐仆人说："如果我醉死

了，便就地埋了我。"在与嵇康、阮籍结识后，刘伶有感于他们的才情，于是与他们"欣然神解，携手入林"。

《晋书·本传》记载，刘伶有《酒德颂》一篇。《酒德颂》中也有一位大人先生，他和阮籍笔下的大人先生有同样的情怀和表现。他将宇宙看作是自己的家，认为一万年不过是转瞬之间而已，他可以随着自己的意愿到任何他想去的地方，行也好止也好，只有酒是他的乐趣，其他的乐趣他瞧都不瞧。贵公子、缙绅处士们，听到民间对他的评价，没有一个人不怒目相向的，都拿礼法来非难他。但先生手中却不停地拿起酒杯，拂去落在髯上的浊酒，陶然醉倒。醉倒之后，他飘飘然不觉寒暑，也没有利欲之情，这个世上的杂然万物，在他眼中便成了漂流在大河上的浮萍。大人先生的这种精神状态，正是老庄超尘脱俗的精神境界。也是魏晋名士寄托精神的境界。经学者研究，在文学史上，刘伶是把酒后的玄妙境界，写入散文的第一人。

竹林七贤中另一位以饮酒著称的人物是阮咸。他曾经与族人群聚饮宴，不用普通的酒杯饮酒，而是把酒盛在大瓮里。几个人围坐在瓮前，相向而酌。此时，有一群猪也走过来寻酒喝，阮咸便跟在猪群的后面共饮。

阮咸，字仲容，是阮籍兄长武都太守阮熙的儿子。与阮籍并称为"大小阮"。阮咸和阮籍一样，生平鄙视礼法。一方面固然是由于他们崇尚老庄之说，鄙视种种所谓的繁文缛节；另一方面，也是对当代权贵们的一种实际抗议。

《晋书·本传》记载，在当时的尉氏县，阮氏家族全都居住在官道的南北两侧，时间一长形成了北阮富南阮贫的局面。阮咸一支一直居住在官道的南侧，家中虽然不乏官宦之人，但大多为官清廉，在家族内比较贫穷。在当时的中原

地区，有"七月七，晒陈衣"的习俗，会在七月七当日曝晒经书及衣裳。据说晒过的衣服和经书可以防虫蛀。有一年的七月初七，居住在官道北边富裕的阮氏人家，将用绫罗绸缎做的衣物拿出来在阳光下曝晒，鲜艳夺目光彩无比。而住在南侧的阮咸也在自家的院子里竖起了几根竹竿，找出当时被叫作犊鼻裤的粗布短裤挂在了上面。阮咸的这一举动自然招来了族人的谴责。他们认为这是给族人出丑。但阮咸振振有词地说："既然大家都在七月七这天晒陈衣，我也不能免俗，就把这些衣服拿

出来晒了晒。这又碍着谁了呢?"

阮咸曾不顾等级、尊卑、名分,与姑母的鲜卑族婢女相爱私通。姑母要回到夫家去。起初答应要留下这个婢女,可是临到出门时又改变主意,将婢女带走。阮咸当时正在为母亲守灵,消息传到耳中,他不顾家中还有众多客人,二话没说,立即拉来客人的驴,来不及脱下孝衣就匆匆忙忙地跑出去追赶。过了好久,只见他和那个鲜卑婢女共同骑在驴上晃晃荡荡地回来了,嘴里还笑嘻嘻地说着:"人种不可失。"这个婢女后来为他生下了一个儿子,即东晋大名士阮遥集。

竹林七贤中,除了嵇康、阮籍对音乐有深厚的素养外,阮咸也是杰出的音乐天才。颜延之说他:"达音何用深,识为在金奏。"即是赞扬他在音乐上的造诣很高。他曾经指出当时最高的音乐官荀勖所调的乐器与音律不符,高出半音。引得荀勖对他是既佩服又嫉妒。阮咸不但妙解音律,还善弹琵琶。阮咸根据从龟兹传入的曲颈琵琶,发明了直颈琵琶。后世亦称为直颈琵琶为阮咸,简称阮。一千多年后,阮咸的发明还在给人们带来美的享受。

向秀,字子期,河内怀县人。他虽为竹林七贤之一,但与其他六贤在气质上有很大的不同。他缺乏嵇康那种反抗的勇气,也不具备阮籍那种冷眼看世间一切的嘲讽性格,更不像刘伶那样沉溺于饮酒,就连山涛那种既然涉足官场就力图做个好官,使朝野为之倾倒的魄力也没有。

向秀为我们展现的是一个投心书海、与世无争的文弱书生形象。《晋书·本传》云:"(秀)清悟有远识。"他从孩童时起,就被同郡出身的七贤之一的山涛所赏识,但由于山涛与他的年龄有相当的距离,所以彼此没有深厚的交情,反而与嵇康、吕安较为亲近。虽然向秀有着和嵇康不同的玄学主张,但嵇康的人格魅力和玄学修养,彻底征服了向秀。面对比自己大不了多少的嵇康,向秀心甘情愿地把自己放在了从属的位置上。《晋书·向秀传》云:"康善锻,秀为之佐，相对欣然，旁若无人。"嵇康有锻铁的爱好，这是人所共知的，但向秀似乎并非真的爱好锻铁，他之所以在一旁帮嵇康做一些拉风箱、递工具乃至抡大锤的工作，纯粹是为了和嵇康相处。从"相对欣然，旁若无人"的描述，可以看出他不仅不觉得勉强，而且内心还非常愉悦。这应该算一种心灵上的默契吧！

向秀"不虑家之有无，外物不足以怫其心"。他以自己的渊博学问、"无为而无不为"的精神来指引自己的为人处事，这正是"竹林之性"在他身上的体现。他淡定、超然的境界，使他无愧于七贤之列。

向秀爱读书、擅诗赋。在七贤中可以算是一个多产的理论家，他曾经注过《庄子》。《晋书·向秀传》记载："庄周内外数十篇，历世才士虽有观者，莫适论其统也。秀乃为之隐解，发明奇趣，振起玄风，读之者超然心悟，莫不自足一时也。"向秀所注《庄子》的佳处其实不外"创新"二字，从中可以体会到不同于旧注的庄周"旨要"，他主张"名教"与"自然"统一，合儒道为一。认为万物自生自灭，各任其性，即是"逍遥"，但"君臣上下"亦皆出于"天理自然"，故不能因要求"逍遥"而违反"名教"。

向秀所在时代，学术界正处于儒学逐渐被道学代替的演变中，向秀虽十分精通道家学说，但他并不固执一端，而是儒道并举，在研究中采取比较客观的态度。特别是他对人的重视不仅仅停留在人是宇宙万物之灵、天人合一的朴素看法上，而是阐明人的重要性。这一点成为他热爱人生、追求人与自然、与天地万物和谐的审美理想的理论基础。

他还与嵇康就养生问题展开过讨论。对嵇康提出的五谷于养生有妨碍的论点进行反驳。他没有否认养生，而是从人不同于动植物的特殊性出发，说明人首先只有靠五谷维持生命才谈得上养生。向秀认为人是"有生之最灵者"，因为人是有意识的，所以"人不同于草木不能避风雨"，但人必须充分发挥自己的聪明才智才能变被动为主动，生存下去。从这个问题出发，向秀进一步引申到自先秦一直延续下来的一些有争议的问题，如对于五色、五味的态度问题。向秀肯定"口思五味，目思五色"是"自然之理""天地之情"，主张"开之自然，不得相外也"，又认为必须"节之以礼""求之以事，不苟非义"，由此推及人的社会心理和欲求，如名利富贵等，从而强调合"自

然”与“名教”为一。他还从事实出发说明了不可能有靠养生而至于数百岁的人，还指出嵇康提倡的那种“抑情忍欲，割弃荣辱”的养生办法，使人割舍人伦之乐，对于养生反而是有害的。

养生是一个复杂的问题，向秀、嵇康在这个问题上虽有争论，但都有一定的合理之处。他们都强调人的重要性，特别是个人的重要性。这些观点是庄子那种“独与宇宙天地精神往来”的精神在经过汉代“独尊儒术”的僵化统治后的重新复兴，这在当时具有十分重要的意义。

嵇康被杀后，向秀在家中闭门沉思。不久，他来到洛阳，叩响了大将军府的大门。据说，当时司马昭正在府中与臣僚议事。见到向秀，司马昭故作惊讶地问道：“听说你有像巢父、许由躲入箕山那样隐居终身的志向，那为何如今又出现在这里呢？”向秀回答说：“巢父、许由不识时务，不理解尧帝的一番苦心，不值得效法。”司马昭非常高兴。从此，向秀走入仕途，先后担任过散骑侍郎、黄门侍郎、散骑常侍等职。正是由于不得已而入仕，因此他也只是做了个“朝隐”之士。一个寒冷的黄昏，向秀路过曾与嵇康等人聚会的山阳旧居。伴随着远处传来的清越高远的笛子声，向秀迈着沉重的脚步慢慢地走近了曾与朋友们聚会的那片竹林。故地重游，触景生情。向秀仿佛又看到了朋友们的身影，回到住所，他满怀惆怅。写下了《思旧赋》：“……济黄河以泛舟兮，经山阳之旧居。瞻旷野之萧条兮，息余驾乎城隅。践二子之遗迹兮，历穷巷之空庐……悼嵇生之永辞兮，顾日影而弹琴。托运遇于领会兮，寄余命于寸阴。听鸣笛之慷慨兮，妙声绝而复寻。停驾言其将迈兮，遂援翰而写心。”公元272年，嵇康被杀的第十个年头，45岁的向秀在忧郁中离世。

竹林名士在个性上各具特色，但不论哪种，都是自己选择符合自己个性生活方式，并在实践中表现出个性解放的愉快和“与物无伤”的修养。他们越礼超俗、率直任性、无拘无束的行为，看起来有点像消极颓废、玩世不恭，但就其精神而言，还是有其进步意义的。在这些任诞放达的行为举止的背后，包含了他们对时代的思索，对礼法的蔑视，对生命的享受，对自由的追求。隐逸于竹林，冶游山水，并不单纯在于欣赏自然山水之美，而是在欣赏自然山水之时，寄托自己的情感，表明他们对污浊世事的不满对功名利禄的鄙视，以及对淡泊

名士风流——竹林七贤

操守和孤高品格的珍重。沉湎于酒不是一般酒徒的贪杯，而是一种无可奈何的内心苦闷的自裁，是一种艰难处境下的世故和手段。试问，没有酒，胸中块垒，何以浇之？没有酒，险恶社会，何以避之？

在混乱黑暗的时代，竹林七贤把"兼善天下"的进取意识深深地埋藏起来，把老庄哲学的无为、尚真与返归自然的精神发展到了极致，以至于形成了一种自由解放的新气象和不伪饰、不矫情、顺其自然的新的道德风尚。

诗中圣哲——杜甫

　　杜甫（712-770），字子美，谥号杜陵野老、杜陵布衣，世称杜少陵、杜工部。盛唐时期伟大的现实主义诗人。他忧国忧民，人格高尚，诗艺精湛，一生写诗1400多首，被后世尊称为"诗圣"。新乐府诗体的开路人。他的乐府诗，促进了中唐时期新乐府运动的发展。他的五古七古长篇，亦诗亦史，展开铺叙，而又着力于全篇的回旋往复，标志着我国诗歌艺术的高度成就。

一、杜甫一生的四个时期

　　杜甫（712—770年）；字子美，生于河南巩县（今河南省巩县），其十三世祖杜预是西晋名将，祖父杜审言是武则天时期的著名诗人，父亲曾为兖州司马和奉天县令。这种奉儒守素的家庭文化传统对他的忠君爱国、仁民爱物的思想有着巨大影响。他的青年时代是在盛唐社会中度过的，曾过了一段南北漫游、裘马轻狂的生活。20岁南下吴越，24岁回到洛阳，筑室偃师，并在那里结婚，往来于偃师与洛阳之间。33岁在洛阳遇到刚刚被"赐金放还"的李白，建立了深厚的友谊，两人同游梁、宋，遇高适，三人酣饮纵游，慷慨千古。不久又北上齐鲁，登泰山，抒发"会当凌绝顶，一览众山小"（《望岳》）的情怀。和许多盛唐诗人一样，杜甫有着远大的抱负，自谓能"立登要路，致君尧舜"。但这种幻想在天宝五载（746年）到长安之后就破灭了。到长安的第二年他去应考科举，因李林甫把权弄奸，杜甫和全体应考者都落了第，故终生未成进士。因曾居长安城南少陵，故自称少陵野老，世称杜少陵。35岁以前读书与游历。天宝年间到长安，仕进无门，困顿了十年，才获得右卫率府胄曹参军的小职。安史之乱开始，他颠沛流离，竟为叛军所俘；脱险后，授官左拾遗。乾元二年（759年），他弃官西行，最后到四川，定居成都，一度在剑南节度使严武幕中任检校工部员外郎，故又有杜工部之称。晚年举家东迁，途中留滞夔州两年，出峡。漂泊鄂、湘一带，贫病而卒。杜甫生活在唐朝由盛转衰的历史时期，其诗多涉笔社会动荡、政治黑暗、人民疾苦，被誉为"诗史"。其人忧国忧民，人格高尚，诗艺精湛，被奉为"诗圣"。

　　杜甫善于运用古典诗歌的许多体制，并加以创造性地发展。他是新乐府诗体的开路人。他的乐府诗，促进了中唐时期新乐府运动的发展。他的五古七古长篇，亦诗亦史，展开铺叙，而又着力于全篇的回旋往复，标志着我国诗歌艺术的高度成就。杜甫在五律七律上也表现出卓著的创造性，积累了关于声律、对仗、炼字炼句等完整的艺术经验，使这一体裁达到完全成熟的阶段。有《杜工部集》传世。

杜甫出生于一个"奉儒守素"的官僚家庭。这种家庭文化传统对他忠君爱国、仁民爱物的思想有着巨大的影响。而杜甫的生活道路和创作道路也正表明了他是一个热爱祖国和人民的诗人。杜甫一生的经历大致可以分为四个时期。

（一）读书和漫游时期

35 岁以前，是杜甫读书和漫游的时期，也是他一生中最快意潇洒的时期。当时正值开元盛世，社会经济比较繁荣，他的经济状况也较好，所以他也曾有过一段南北漫游、裘马轻狂的日子。杜甫从小就是一个好学之才，7 岁时就已经开始吟诵诗歌，"读书破万卷""群书万卷常暗诵"可谓是他当时刻苦学习、努力进取的真实写照，这同时为他以后的创作做好了充分的准备。从此之后，他结束了读书生活，从玄宗开元十九年（731 年）至天宝四载（745 年），杜甫进行了两次长期的漫游。过的是跋山涉水、高歌游猎的浪漫生活。他先是由北方南下去游吴越，后又向北游齐赵。他在游齐赵的时候，曾经先后和苏源明、高适等人呼鹰逐兽，打猎取乐，登高怀古，饮酒赋诗。天宝三载，杜甫在洛阳与当时的另一位大诗人——李白相遇。二人畅谈人生，相见恨晚，后又携手同游齐鲁，谈诗论文，访道寻友，有时也议论国家政事，由此结下了深厚的友谊，传颂千古。第二年秋天，杜甫欲往西去长安，而李白则准备重游江东，于是他们商定好在兖州分手，从此以后，这两位被人们并称为中国诗歌史上"诗仙"和"诗圣"的伟大诗人再也没有会面，但是杜甫却写过不少怀念李白的感人诗篇。如《赠李白》："痛饮狂歌空度日，飞扬跋扈为谁雄？"《饮中八仙歌》："李白一斗诗百篇，长安市上酒家眠，天子呼来不上船，自称臣是酒中仙。"《不见》："不见李生久，佯狂真可哀。世人皆欲杀，吾意独怜才"等等著名的诗歌。此外，在这段长期的漫游过程中，诗人踏访了祖国的壮丽河山，也接触到我们祖先无比丰富的文化遗产，这不仅充实了他的生活，也开扩了他的心胸和视野，为他早期的诗歌创作增添了非常浓厚的浪漫主义色彩。其中，《望岳》这首诗可以作为代表，"会当凌绝顶，一览众山小"，恰恰流露了诗人的雄心壮志。但是这样的生活方式，诗人无法深入现实社会，去接近下层的贫苦民众。所以，作为一个伟大的现实主义诗人，这段时间只能称得上是杜甫人生及创作的一个准备时期。

（二）困居长安时期

杜甫开始走向现实主义，是从困守长安开始的。从天宝五载至天宝十四载，杜甫在长安居住了十年，长安这十载，使杜甫历尽人生辛酸，也使他看到了民生疾苦，他关心着国家安危。忠君恋阙，仁民爱物的情怀，在这段颠沛流离的生活中不仅没有衰退，反而更加强烈了。因此，这一时期，他的生活、思想和创作发生了巨大的变化。他到长安，目的是求得一个官职，有所建树，但都未成功。由于当时正值安史之乱的酝酿时期，当权的是奸相李林甫和杨国忠，杜甫不仅不能实现他的"致君尧舜上，再使风俗淳"的政治抱负，而且开始过着"朝扣富儿门，暮随肥马尘。残杯与冷炙，到处潜悲辛"的屈辱生活，以至经常挨饿受冻："饥饿动即向一旬，敝衣何啻悬百结。"在饥寒的煎熬下，杜甫也曾经想到退隐，做一个"潇洒送日月"的巢父、许由，但他没有回避艰苦，还是坚决地走上积极入世的道路。生活折磨了杜甫，也成全了杜甫，于是他比较广泛地接触劳动人民，他的认识也有了很大的改观。在此期间，他的足迹从贫民的坊巷到贵族的园林，从重楼高阁互竞豪华的曲江到征人出发必须经过的咸阳桥畔，仕途的失败使他能客观地认识统治阶级的腐败与堕落，个人的饥寒交迫使他更能体会到人民的疾苦，这两方面截然不同的生活在杜甫诗中都有所反映，从而在中国诗史上留下了《兵车行》《丽人行》《自京赴奉先县咏怀五百字》《前出塞九首》等现实主义杰作。从 35 岁到 44 岁，十年困守的结果，使杜甫变成了一个忧国忧民的诗人。这才确定了杜甫此后生活道路和创作道路的方向。

（三）陷贼和为官时期

从 45 岁到 48 岁，是杜甫生活的陷贼与为官时期。

此时是安史之乱最剧烈的时期，唐王朝从此以后由盛而衰，社会政治、经济都发生了非常巨大的变化。国家岌岌可危，人民灾难深重，一片风雨飘摇的景象，而杜甫也亲身经历了错综复杂的变化：流亡、陷贼、在皇帝身边任左拾遗、出贬华州、秦州寄居、入蜀——无论是人际关系或是自然环境，与以前的那种生活都有着很大的不同。

在陕北，杜甫曾经和广大劳动人民一起逃难，在已沦陷的长安，他曾经亲眼看到胡人的屠杀焚掠和无恶不作的情景，同人民一起感受着失去国土家园的痛苦。为了献身恢复事业，他独自一人逃出了长安，去投奔凤翔。"生还今日事，间道暂时人""麻鞋见天子，衣袖露两肘"，从这些诗句就可以想见当时的艰险和困苦。后来，他被朝廷任命为左拾遗，这虽然只是一个从八品的谏官，却能接近皇帝。就在做谏官的第一个月，他因"见时危急"，上书营救罢相的房琯，不料触怒了唐肃宗，几乎受到刑戮。从此以后，他屡遭贬斥，但也因为这个原因使他能够多次获得深入广大贫苦人民生活的机会。在由凤翔回鄜州的途中，在羌村、在新安道上，他看到了社会中的各种悲惨景象，他同情受苦的人民，他曾经和父老乡亲们，和送自家孩子上战场的母亲们哭在一起。他积极号召人们奋力进行征战，以保卫国家民族的安全。他曾写诗哀悼那些为国捐躯的"四万义军"，他告诫百官，无论文臣还是武将都要"戮力扫攙枪"。他一方面同情人民，大力揭露兵役给社会造成的黑暗景象；但另一方面还是积极鼓励广大人民去参战。乾元二年春，杜甫前往河南探视自己的故居，在归来的路上，他亲眼看到人民在官吏们残酷的压迫下所遭受的苦难，于是就写下了流传千古的《新安吏》《潼关吏》《石壕吏》《新婚别》《垂老别》《无家别》组诗六首，被后人简称为"三吏""三别"。此外，还写下了《悲陈陶》《哀江头》《春望》《羌村》《北征》《洗兵马》等一系列具有高度的人民性和爱国主义精神的诗篇，在这一时期，杜甫的创作可以说是达到了现实主义的高峰。

（四）漂泊西南时期

"满目悲生事，因人作远游。"从肃宗上元元年(760年)至代宗大历五年(770

年），杜甫离开了哀鸿遍野、干戈扰攘的中原，弃官携家眷由华州经秦州、同谷，历尽千辛万苦后，到达成都，在成都西郊盖了一所草堂，开始了"漂泊西南"的生活。764年，严武再镇蜀地，表荐杜甫为节度参谋、检校工部员外郎（后人因此称其为"杜工部"），杜甫曾度过六个月的幕府生活。除此以外，在漂泊的十一年中，他经常过着"生涯似众人"的日子。他非常喜欢跟劳动人民往来，而憎厌官僚，他在诗中写道："不爱入州府，畏人嫌我真。及乎归茅宇，旁舍未曾嗔。"在他逝世的那一年，还因为避臧介之乱而挨了五天饿。可贵的是，不论生活上怎样苦，也不论漂泊到什么地方，他总是在关怀着国家的安危和人民的疾苦。同时也从不曾忘记或放松自己的创作，在漂泊的十一年间，他竟写了一千多首诗。杜甫在成都曾有一段时间生活相对安定，眼前也曾呈现出一片田园美景，花鸟虫鱼都好像对他表示殷勤，使他多年劳苦忧患的生活，暂时得到缓解，他也怀着无限的爱写出不少歌咏自然的诗歌。但他并不曾忘记流亡失所、无处安身的人们，在《茅屋为秋风所破歌》中写出"安得广厦千万间，大庇天下寒士俱欢颜"的名句。此外，如《闻官军收河南河北》《又呈吴郎》《遭田父泥饮》《诸将》《秋兴》《岁晏行》等也都是这一时期最优秀的作品。和前期不同的是带有更多的抒情性质，形式也更多样化。特别值得注意的是，在这一时期，杜甫还对唐代的新兴诗体七律做了精心地研究，并进行了大量的创作实践，创造性地赋予七言律诗以重大的政治和社会内容，使这种新兴诗体臻于成熟和完善。

杜甫在四川漂泊了八九年，又在湖北、湖南漂泊了两三年，大历五年（770年）冬，在自潭州赴岳州途中，死于舟上，年仅59岁。"战血流依旧，军声动至今"，是这位伟大的爱国主义诗人对祖国和人民最后的怀念。在人民被奴役、被压迫的社会动荡时代，要做一位关怀人民疾苦，同情人民遭遇的诗人，他的身后，自然也是凄凉的。813年，仅由他的孙子杜嗣业"收拾乞丐"，才把杜甫停放在岳阳的灵柩归葬偃师。诗人的遗骨在外面漂泊了四十三年，真是可悲可叹！

从以上对杜甫一生经历的简单叙述中，我们已经可以很清楚地看出杜甫和广大劳动人民的关系以及他成为一位伟大的现实主义诗人的历程。

二、诗圣故里与杜甫草堂

（一）诗圣故里

今天我们所能看到的"诗圣故里"，位于河南省巩义市城区西北五公里处的康店镇康店村西部的邙岭上。它占地大约三十四亩，坐北朝南，主体建筑由大门楼、杜甫大型雕像、双层亭、诗圣碑林、杜甫墓、吟诗亭、望乡亭、草亭、献殿等组成。整个景区种植花木三千余株，奇花异草点缀，绿树成荫，松柏辉映，巍伟庄重。

杜甫就生于此地，并在这里度过了他的少年时代。虽然他在故乡的时间不长，但是一生中始终怀念着家乡，给我们留下了怀乡的著名诗句："露从今夜白，月是故乡明。""秋风楚竹冷，夜雪巩梅春"都表达了诗人对家乡的无比眷恋之情。清朝雍正五年，河南府尹张汉重修此地，并在这里立"诗圣故里碑"一座，乾隆、同治及民国年间又多次立碑。杜甫故居坐东向西，现在宅院长二十米，宽十米，院内有东西向瓦房三间，硬山式灰瓦顶，东侧有房两间，北侧有一窑洞，洞口为砖砌墙壁。洞高三米，宽两米，深二十米。

我们前面提到，杜甫被后人誉为"诗圣"，从唐诗的发展看，他的确是一位承前启后的人物。但他对后世更为重要的影响是在思想情操方面。他系念国家安危，同情民生疾苦的情操，为历代人们所敬仰，对人们人格的形成，有着不可估量的影响。在后人的眼中，他可谓是一位"神人"，而这位"神人"的出生也带有一种神奇的色彩，民间流传着一个有关杜甫出生时的故事：

在河南巩县有一个美丽的小村庄，名字叫南窑湾。南窑湾风景十分秀丽，背靠黄土岭，面临东泗河，满村竹篱瓦舍、青杨垂柳。在村子中央的土岭上，由西向东冒出三个山头，看起来很像是一个老式的笔架，所以就被这里的人们称为"笔架山"。笔架山的后面有一个方形的土坑，被称为"砚池"。在笔架山下的砚池旁边，有一所古朴而幽静的院落，院内有一间瓦房，一孔土窑，看上去虽然显得有些简陋，但却不失清雅古朴。院门西侧的墙上镶嵌着一块五尺多高的青石碑，上面刻着"诗圣故里"四个大字。这里，就是杜甫诞生的地方。

民间传说当年天上的文曲星因写诗不慎，惹恼了玉帝，所以就被罚到尘世间受苦。而文曲星下界的地方，恰好就在笔架山和砚池之间。更巧的是，那天村子里正好有位姓杜的小官吏的夫人分娩。当时，夫人见到笔架山上一道金光直上九霄云天，紧接着，一个男孩便呱呱坠地了。杜家老少非常高兴，马上就给这个刚出生的男孩取名杜甫，表字子美。

杜甫从小就聪明过人，3岁能认字，5岁能背诗，是村子里其他孩子无法比的。在他7岁时的一天，他和同村的小伙伴在村外的河湾里玩耍，玩得正起兴的时候，杜甫突然看到从远远的南天外飞来了一只美丽的凤凰，羽毛光滑闪亮，凤凰越飞越近，飞着飞着，就扇着翅膀舞姿翩翩地落在了他们玩耍的那片河滩上。杜甫立刻跑上前去看，但是凤凰却不见了，看到的只是河滩上端放着一颗五彩斑斓的鹅卵石，那鹅卵石晶莹剔透，在太阳的照射下闪烁着耀眼的光芒。当时，杜甫看到这一神奇的景象，心里又惊又喜，就急忙将那块鹅卵石拿到了自己的手中。同村的小伙伴们出于好奇，都围上来争着抢着要看看那块宝物。杜甫生怕别人抢去，于是急中生智，随手将鹅卵石放进了自己的口中。但是没有想到的是，那鹅卵石表面十分光滑，刚放进嘴里，就被杜甫咽进肚子里去了。后来奇怪的事情就发生了，自从那次吞下鹅卵石以后，杜甫心中总是含着一股抑郁不平之气，只要他看见人民受苦受难，心里就难过，就翻腾，一翻腾便顺口吟咏出无数感人的诗章，哭诉人民心中之苦，道出百姓生活之难。就这样，杜甫怀着这种抑郁不平之气，度过了颠沛流离的一生，写出了许多同情人民群众、关怀人民疾苦的著名诗篇。

此外，上文中说到，清朝雍正五年，河南府尹张汉在这里立"诗圣故里碑"，这其中也包含着一个美丽的传说：

据说在清朝雍正年间，有一个名叫张汉的举人上京应试，考试那天，他坐在考场里无论怎样也写不出满意的文章来。正在他心里发慌、一筹莫展的时候，恍恍惚惚间就看见眼前飘然走过来一位头戴方巾、身着青衫的

老者。那老者笑着对张汉说："你怎么聪明一世，糊涂一时啊？到关键时刻怎么会写不出文章来呢？"说着就顺手展开一张很薄的纸。张汉一看，薄纸上的内容原来是楷书写的唐朝杜工部的一首五言律诗。老人用手指点之处，正是"文章憎命达，魑魅喜人过"两句。这两句诗恰似一把开锁的钥匙，使张汉茅塞顿开，心情豁然开朗。张汉使劲儿揉了揉自己的眼睛，想仔细看看他面前的这位老者，但是，在静静的考场上，只有自己，哪里有什么老者？张汉仔细回想了一下，断定可能是自己产生了某种幻觉，但却又分明觉得自己顿时头脑清楚，文思泉涌，提笔做起文章来，如同行云流水，锦绣生华。结果三场考试下来，张汉很是得意，毫无悬念地就中了进士，被当朝圣上钦点为河南府尹。于是，张汉便兴高采烈地带着自己的仆役随从，赶赴洛阳上任。

在上任途中，有一天，张汉一行到达窑湾红土沟时，他在轿内突然看到从东面走来一位老者，步履从容，横轿而过。张汉心里暗暗琢磨：哪里来的山村野老，这样不懂礼数？虽然是这样想，但是他觉得这位老人看起来十分眼熟，好像在哪里见过。沉思间，他猛然想了起来：这不正是那天在考场内启示自己文思的老人吗？于是赶紧命令手下落轿。可是当张汉走出轿子时，老者却已经不见踪影了。于是，他就询问左右的仆役，都说没看见什么老人。张汉心里存着很大的疑惑，于是就步行来到村中打听附近有没有什么名人的遗迹。村子里的一个老百姓指着笔架山下的一个院落说："这个宅院，曾经是唐朝杜工部杜甫诞生的地方。"张汉一听说杜工部，恍然大悟，急忙整理好自己的衣冠，进入院里拜谒。拜谒完毕后，他看看四周，只见一片荒芜，蒿蓬满院，破墙颓垣，十分冷清。此刻，张汉就想到了杜甫为百姓行吟，忧国忧民，颠沛流离，潦倒终身的遭遇，不禁喟然长叹道："一代诗圣，身后竟萧条冷落到如此地步！真个是'文章憎命达'啊！"他又想起曾两次见到的方巾青衫老者，断定他就是诗圣。于是，他恭恭敬敬地站立在那里焚香以后，又拜谒了杜甫诞生窑，瞻仰了笔架山，然后登上路途去上任，一路上仍是慨叹不已。

张汉到洛阳上任以后，心里常常想起杜甫，以至于夜不能寐。因为他忘不了对自己有莫大帮助的杜甫，所以又派自己的手下去杜甫故里寻找杜甫的后裔，并亲手主持建起了杜甫的家庙，把杜甫诞生的地方修葺一新，并且在故里门前立了一块青色的石碑，亲笔书写了"诗圣故里"四个大字，刊刻于碑上。后来，张汉又带人去到康店的北邙岭上，把杜甫的坟墓重新修整了一番。从此以后，前来杜甫故里谒拜的人们络绎不绝。

（二）杜甫草堂

杜甫是我国历史上著名的诗人，被人们称为"诗圣"。杜甫草堂是杜甫的故居，是现存杜甫行踪遗迹中规模最大、保存最完好、最具特色和知名度最高的一处。它坐落在成都市西郊的浣花溪畔，占地面积为二十四公顷。759 年冬天，杜甫为逃避"安史之乱"，放弃自己的官位，带着全家漂泊于西南各地，经秦州、同谷等地，到了成都，过了一段比较安定的生活。后镇蜀的剑南节度使严武入朝，蜀中军阀作乱，杜甫漂泊到梓州、阆州，后又返回成都。严武慕杜甫之名，举荐其为检校工部员外郎，杜工部就是这样来的。朋友尹裴冕还为他在浣花溪上游选择了一块风景不错的地方修建了一座茅屋，就是现在的杜甫草堂，也称"成都草堂"。杜甫先后在此居住近四年，创作诗歌流传至今的有二百四十余首。《春夜喜雨》《茅屋为秋风所破歌》等就是在这里写的。

杜甫离开成都后，草堂就不存在了。为了纪念这位伟大的诗人，五代前蜀时诗人韦庄寻得草堂遗址，重结茅屋，使之得以保存。北宋以来，有人在诗人故居处建园立祠，供人瞻仰。后又经元、明、清多次修复，其中最大的两次重修，是在明弘治十三年（1500 年）和清嘉庆十六年（1811 年），基本上奠定了杜甫草堂的规模和布局，演变成一处集纪念祠堂格局和诗人旧居风貌为一体的博物馆，是一处建筑古朴典雅、园林清幽秀丽的著名文化胜地。因此说，现在的杜甫草堂，实际上是后人为纪念杜甫而建的一所优美的园林。

草堂总面积为三百亩，其间檐廊结构布局紧凑，位于诗史堂中的铜色杜甫像，恢弘古朴，工部祠堂内供奉的杜甫泥塑像，栩栩如生，让人顿生敬慕之情。草堂内，小桥、流水、梅园、竹林交错庭中，另有春之梅，夏之荷，秋之菊，冬之兰可赏，显得

既庄严肃穆、古朴典雅又幽深静谧、秀丽清朗。置身其中，让人可发怀古之幽思，又享大自然之浪漫。

杜甫草堂的主要建筑自前至后有大厅、诗史堂、柴门、工部祠、"少陵草堂"碑亭等。其中，草堂正门匾额的"草堂"二字是清代康熙皇帝第十七子果亲王爱新觉罗·允礼所题。大厅里陈放着国画杜甫堂全景和杜甫生平介绍。诗史堂是杜甫草堂纪念性祠宇的中心建筑。正中是杜甫行吟的雕塑，壁柱间悬挂着历代石刻杜甫像的拓片、木刻板和纪念诗人的对联。两侧陈列室展出近代书画家的"杜甫诗意画"和书法。工部祠内有杜甫彩塑像，明、清石刻像和两幅"少陵草堂图"碑刻。后人把在四川当过地方官的宋代著名诗人黄庭坚和陆游，也塑像置于配祀祠内。"工部祠"左边的"草堂书屋"和右边的"恰爱航轩"，陈列着宋代以来各个时期的古版杜甫作品和各种外文译本。工部祠东侧是"少陵草堂"碑亭，象征着杜甫的茅屋，"少陵"本为地名，汉宣帝墓称"杜陵"，宣帝皇后墓因规模小于帝陵所以称"少陵"。杜甫曾在这里住过较长时间，在诗中曾自称"杜陵野老""少陵野客"，人们也就称他为"杜少陵"了。

现在，杜甫草堂内溪流环绕，竹木葱茏，亭台楼阁掩映在青翠的花草树木之中，是一处颇具特色的祠宇园林。

三、杜甫的诗歌创作

（一）杜甫诗歌的创作背景

唐玄宗后期，沉溺于声色，挥霍无度，而且又沉迷于道教和密宗佛教，很少过问朝政，导致朝政腐败。朝廷大权先后落入权相李林甫和外戚杨国忠的手中。从开元二十四年（736 年）张九龄罢相到天宝十一载（752 年），李林甫专权十六年。天宝十三载（754 年）以后，杨国忠又独揽朝中大权。李、杨累起大狱，朝政在倾轧与清洗中变得一塌糊涂。当道奸佞之间，又互相争斗，正直的人士无法在朝廷上立足。而权相与拥有兵权的边镇节度使之间，也产生了激烈的矛盾。朝廷的政权内部，已经呈现出了分崩离析的态势。在上者生活奢侈，必然会加重对下层人民大众的盘剥与掠夺。于是，王公、官僚、富豪们就大量兼并土地，到了天宝后期，大量农民已经成为失去土地的流民。所以在社会繁荣的背后，隐藏着极其贫困与不公的现象。唐代社会在经历开元盛世的繁荣之后，暗中正在酝酿着一场大的动乱，而玄宗却对此毫无察觉。

在天宝十四载（755 年），爆发了历时八年之久的安史之乱。这年的十一月，手握重兵的范阳节度使安禄山发所部兵及同罗、契丹、室韦兵共十五万余人，在范阳起兵造反。第二年五月，潼关失守，玄宗仓皇逃离长安直奔蜀地。战火所经过的地方，州县破败，万室空虚，大半个中国呈现出一片疮痍满目的景象。从安史之乱开始，到乾元三年（760 年）五年间，全国人口从五千二百八十八万锐减至一千六百九十九万，从这串数字中我们足可以看出这场战争给唐代社会带来的巨大破坏与灾难。

这场巨大的祸患，也使唐诗发生了一次不小的转变。在天宝年间，就有一部分失意人士，已经在诗中反映了社会的不公与人生的悲惨艰辛。而诗人杜甫就生于这样的一个动乱的时代，他的诗歌创作也是以此为背景的。

（二）杜甫诗歌的创作思想

杜甫生于大唐开元盛世。他不仅拥有盛唐文

人所具备的激情、宏伟的气概和时代责任感，而且，他受到儒家思想的影响比同时期的文人更多、更深。

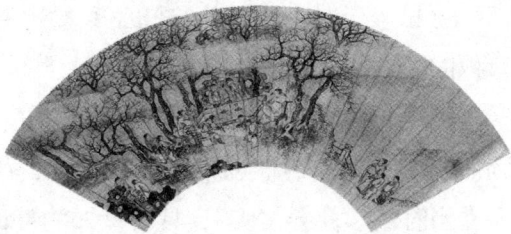

杜甫是一位心系国家安危和民生疾苦的诗人，他有着浓厚的儒家"忠君"思想，以社稷为重是他关怀民生疾苦的出发点。动乱的时代，个人的坎坷遭遇，使他一有感触，就感慨满怀。他的君臣观与孟子一样，进思尽忠，退思补过，儒者以孝事君，他全做到了。在民族存亡系于一发的时刻，他的忠君思想和爱国爱民情怀错综地交织在一起，对社稷和人民的最终关切，是他"忠君"的核心内容。贫困潦倒的生活对他的磨炼，使他成为一个真正的"穷儒"。因此，他身上有着一种强烈的"平民"意识，一生同情人民，热爱人民，坚定而真诚地为苍生社稷忧虑，并用诗歌来抒发自己内心的真实情感，唤起普通人的思想共鸣。

杜甫的政治抱负是"致君尧舜上，再使风俗淳"，即辅佐君主，救济天下苍生百姓，使尧舜时代的清明之治能够在当世重新出现。但是坎坷的人生经历和动荡的时代，把他渐渐地推向了贫苦的劳动人民之间，使他长期生活在社会底层，所以很自然地就成为一位替黎民百姓呼喊的伟大诗人。

杜甫的爱国思想和忠君观念是联系在一起的。君与国原本就是一个难以割裂的整体，在中国古代，君主就是国家的象征。早年杜甫曾用"葵藿倾太阳，物性固难夺"这一句诗来比喻他对唐玄宗的无比忠诚，这种忠诚就仿佛葵菜和豆叶天性向阳一般不能改变。

在《北征》中，他写道"君诚中兴主，经纬固密勿""煌煌太宗业，树立甚宏达"。他不断地勉励唐肃宗要继承唐太宗所开创的辉煌基业，表达了他急切盼望国家中兴的心愿。

杜甫有忠君思想，但是这种忠心决不是愚忠。朝廷的昏庸君主令杜甫失望，他曾经以一种极其不恭敬的语气讽刺唐肃宗过于信任宦官，惧怕张皇后，"邺城反复不足怪，关中小儿坏纪纲。张后不乐上为忙"。

而他对唐代宗的昏庸更是愤慨，"天子多恩泽，苍生转寂寥""贤多隐屠钓，王肯载同归"。批评唐代宗不能起用贤人，恩泽虽然很多，但是黎民百姓的灾难却更加深重。

可见，当君主的行为与国家利益不一致的时候，杜甫是将爱国和忧民置于首位的。

杜甫对于国家、人民具有十分强烈的责任感，对现实生活有深邃的洞察力，因而能够极其敏锐地觉察到当时政治、社会中各种形式的隐患。可以说，他代表着当时的"社会良知"，具有良知的真诚和勇气，即忧患意识和批判精神，以及中国文人的悲剧命运，一种"兼济"不成，"独善"亦不成的生命悲剧。杜甫不仅做了动荡时代苦难人生的代言人，而且以他贴近现实的有血有泪的动地歌吟，表现出了作为一个君子"忧道不忧贫"的高贵人格，一种真正的大慈大悲的仁者襟怀，由此而形成杜诗风格的大、重、拙，是传统儒家人文精神的最高诗意所在。

盛唐文人的心中普遍怀有一种对国家和民族的强烈使命感。杜甫也从盛唐的这一时代潮流中，吸取了进取积极、奋发向上的精神，很早就以宰辅自许，以天下为己任，来救济苍生。

虽然杜甫一生贫困潦倒，过着"衣不蔽体，食不果腹"的生活，但他却一直执着于关心现实政治，思考有关国家命运的大问题。直到生命的最后一刻，他所念念不忘的还是"战血流依旧，军声动至今"的现实社会。这足以看出杜甫对国家、对人民的强烈使命感与责任感。

杜甫在自己的诗作中曾经多次歌咏凤凰："我能剖心血，饮啄慰孤愁。血以当醴泉，只徒比清流。所重王者瑞，敢辞微命休？……再光中兴业，一洗苍生忧。"凤凰是象征国家太平的祥瑞。而诗人则愿意用自己的心血作为供养国家祥瑞的醴泉，诗人为了国家的中兴，为了解救天下苍生，不惜献出自己宝贵的生命。

总之，杜甫诗歌创作的思想核心是儒家的仁政思想。他有"致君尧舜上，再使风俗淳"的宏伟抱负。他热爱生活，热爱人民，热爱祖国的大好河山。他嫉恶如仇，对朝廷的腐败、社会生活中的黑暗现象都给予批评和揭露。他同情人民，甚至幻想着为解救人民的苦难甘愿做自我牺牲。虽然杜甫深受儒家思想的影响，但他从切身生活体验出发，对儒家的消极方面也有所批判。比如，儒家说："不在其位，不谋其政。"杜甫却是不管在不在其位，都要

谋其政！儒家说："穷则独善其身，达则兼济天下。"杜甫却不论穷达，都要兼济天下苍生。尽管"万国尽穷途""处处是穷途"，然而他却是"不拟哭穷途""艰危气益增"。尽管"身已要人扶"，他却说"拔剑拨年衰"。前人说杜甫的许多五律诗都可作"奏疏"看，其实不仅仅是五律。我们知道，儒家也讲究"民为贵，社稷次之，君为轻"，但另一方面又鄙视生产劳动，看不起劳动人民。杜甫却与之不同，他喜欢劳动，也主动地去接近劳动人民，甚至愿意为广大人民的幸福而牺牲自己的生命。儒家讲究"华夷之辨"，杜甫却在一定程度上摆脱了这种狭隘性。他主张与邻族和平共处，不要进行一系列的不义战争，所以他说："杀人亦有限，立国自有疆。苟能制侵凌，岂在多杀伤？"（《前出塞》）所以，他非常珍视各个民族之间的友好与和睦关系："似闻赞普更求亲，舅甥和好应难弃！"（《近闻》）而对唐玄宗的大肆杀伐以致破坏这种关系则加以责难："朝廷忽用歌舒将，杀伐虚悲公主亲！"（《喜闻贼盗蕃寇总退口号》）

再者，用杜甫自己的话来说，"济时肯杀身"是他的一贯精神，"穷年忧黎元"是他的中心思想，"致君尧舜上，再使风俗淳"是他的最高理想和主要手段。他拿这些标准来严格地要求自己，也以此来勉励自己的朋友。他表彰元结说："道州忧黎庶，词气浩纵横。"他对严武说："公若登台辅，临危莫爱身。"他对裴虬也说："致君尧舜付公等，早据要路思捐躯。"正是头脑中的这些进步思想，形成了杜甫那种永不衰退的政治热情、坚韧不拔的顽强性格以及胸怀开阔的乐观精神，使他成为我国历史上政治性最强的伟大诗人。当然，这也是和他接近人民的生活实践分不开的。

但是，由于时代与阶级的局限，杜甫不可能否定皇帝的地位，白居易说"蜂巢与蚁穴，随分有君臣"，也是把君臣关系看作天经地义的事情。在这里，需要指出的是，杜甫虽然接受了儒家的忠君思想，但他的忠君是从爱国爱民出发的。正因如此，他一方面对皇帝存在着很大的幻想，希望通过皇帝的"下令减征赋"来"各使苍生有环堵"；另一方面，他也写了"唐尧真有圣，野老复何知""天子多恩泽，苍生转寂寥"等诗句，直接讽刺当朝皇帝，对封建王侯贵族们祸国殃民的罪行，他更是去勇敢地揭发。

（三）杜甫诗歌创作的内容

纵观杜甫一生的诗歌创作，可以说"忧时伤乱"是杜甫诗歌的主旋律。他一生创作了许许多多反映时事、抨击时弊以及言志述怀的名篇名作，这也是杜诗之所以被誉为"诗史"的重要原因之一。

安史之乱爆发以后，杜甫用他的诗，记述了这场战争中的许多重要事件和百姓在战争中所遭受的苦难，以深刻生动、血肉饱满的形象，展现了战火中整个社会生活的广阔画面。而且还抒发了自己内心对平定叛乱、中兴国运的愿望。

唐肃宗乾元二年（759年）三月，围攻邺城的九节度使大军遭受惨败，为补充兵员而沿途征兵。这正是杜甫从洛阳回华州的时候。一路上，他亲眼目睹下层劳动人民在兵荒马乱之际所遭受的苦难，于是就写下了著名的"三吏""三别"，这些诗作一方面揭示了统治者在平叛战乱过程中的昏庸无能，不管人民死活，强征民丁的悲惨景象；另一方面又表现了作者忍着内心的伤痛鼓励人民勇敢地走上前线，去支持朝廷的平乱战争的急切心情。这些传世名篇真切地描绘出了这一动乱时代的历史场景。

杜甫的名作《春望》："国破山河在，城春草木深。感时花溅泪，恨别鸟惊心。烽火连三月，家书抵万金。白头搔更短，浑欲不胜簪。"在连月烽火中遭逢春天，连草木花鸟都与诗人一起感受着国破之恨与思家之忧。可以说，在安史之乱中，杜甫和下层劳动人民一起颠沛流离于战乱之中，一起经受着战争的磨难与灾祸。所以，他诗中所描写的一切都是自己的亲身体验，其中融入了他所经历的兵灾祸乱、政治风波以及家庭的悲欢离合。

从杜甫的诗歌里，我们到处都可以看到他虽然自身处于穷困厄运之中，但是仍不忘"穷年忧黎元"的一片滚热心肠。可以说，他的心始终在为苍生的苦难滴血。

如杜甫在天宝后期所作的《兵车行》："君不见青海头，古来白骨无人收。新鬼烦怨旧鬼哭，天阴雨湿声啾啾！"反映了唐王朝战乱频仍、征调不止所造成的赋税繁重、田园荒芜等严重的社会问题，以及无数壮丁战死沙场的悲惨境遇，寄寓了作者对百

姓的深切同情以及对统治阶级的憎恶。

在漂泊西南时期，杜甫虽然远离政治中心，但是出于对百姓疾苦的关心，他仍然密切地关注着国家局势的发展。并融合了他在蜀中的所见所闻所感，用自己的一篇篇诗作痛斥残害压迫劳动人民的贪官污吏和企图割据地方的军阀，反对各种名目的苛捐杂税，追怀往昔盛唐的繁华景象，抒发自己内心那种无力扭转乾坤的悲哀与无奈。杜甫有许多名作深刻地揭示了安史之乱前后上层统治官僚的腐败。如《丽人行》描写杨贵妃与杨国忠兄妹二人曲江游宴的场面，讽刺了他们荒淫骄纵的生活。

"朱门酒肉臭，路有冻死骨"，触目惊心地展现了当时社会中贫富之间的强烈对比。

《送韦讽上阆州录事参军》一诗描述了贪官污吏如何豪夺民脂民膏，巧立名目向百姓横征暴敛、苛捐索求的情景。杜甫义正词严地将那班贪官污吏斥为"贼"，认为要拯救穷苦百姓，必须先除去这些鱼肉百姓的地方官。

杜甫出蜀后所作的《三绝句》痛斥那些专横残暴的地方军阀，是比虎还要狠毒的群盗，甚至大胆地指出盗贼本是好百姓，是官吏残暴才逼得他们铤而走险去干坏事。"不过行俭德，盗贼本王臣！"（《有感五首》其三）这就从根本上揭示出天下动乱、盗贼丛生的原因是出自统治者的骄奢淫逸、荒淫无道。

此外，杜甫还写了许多以日常生活为题的抒情小品，如亲情友情、山水游历、乐舞书画艺术等等，无不收入诗中，从而大大开阔了他的诗歌题材，拓展了诗歌的境界。

在沦陷的长安时，他写下了《月夜》《春望》等名作。《月夜》说："遥怜小儿女，未解忆长安。香雾云鬟湿，清辉玉臂寒。何时倚虚幌，双照泪痕干？"抒写月夜怀念妻子和儿女的愁绪，流露了在离乱之中相聚不易的忧思。同时期的作品《北征》也写出了他回家后看到妻儿衣衫褴褛的苦况。此外，《羌村三首》也记述了回家省亲之事，写重逢时如何悲喜交加，写和家人、邻里如何在这悲喜中相见。

这些思亲愁怀的诗作，都从极细微处真挚地表达出夫妻儿女的至情：悲哀、同情、无可奈何都交织在一起。

在《彭衙行》中，杜甫追述前一年（天宝十五年）携家人逃难，在路途中受到故人孙宰热情招待的经过，并且高度赞美了与友人的深厚情谊："故人有孙宰，高义薄层云。……谁肯艰难际，豁达露心肝。别来岁月周，胡羯仍构患。何当有翅翎，飞去堕而前。"

杜甫一生游历过很多地方。20岁的时候，他跟盛唐时的大多数青年一样，为了开阔眼界，开始到各地去漫游。他到过江南、山东、河南等地。弃官后从秦州入蜀、漂泊西南，游历了巴蜀、江湘，写下了许多记述登览行旅的作品。

这些记述登览行旅的作品不同于单纯的山水行旅之作，它们在山水描写之中，或是隐现着时代动荡的画面，或是暗含着诗人对人生的感慨，寄托深远，境界开阔。

此外，杜甫在日常生活中还创作了许多小诗篇，尤其是在生活相对平静的成都草堂时期，他留下了不少描写江村景色的诗作，如《堂成》《客至》《江村》《江畔独步寻花七绝句》等名篇，也都写得诗意盎然，又富有生活情趣。

总之，杜甫系念国家安危，同情民生疾苦，为历代人们所景仰，我们从杜甫的不同题材的诗作和题画诗里，都可以看到他的这一思想的体现。

四、杜甫与李白的友谊

（一）李白与杜甫结交

"文人相轻，自古而然"。但李白与杜甫，唐代两位伟大的诗人，也是中国乃至世界文学史上两位伟大的文学家，他们之间的友谊，却成为文学史上的一段佳话。洛阳相会使他们产生了亲如兄弟般的友谊，二人互相寄赠的诗篇，至今仍被人们广为传诵。

杜甫在他十四五岁时，已经在洛阳文坛崭露头角。洛阳名士崔尚、魏启心等看了杜甫的作品都很吃惊，称他是班固和扬雄的再生。当时杜甫在他的诗中也曾经表达过自己想要有一番作为的伟大志向，"大丈夫必有四方之志，乃仗剑去国，辞亲远游"。实际上，这种远游也有它客观上的理由，"四方之志"不外乎为自己将来的生活寻找一条出路。所以有很多人在参加科举考试之前，就走出家门，到文人荟萃的大都市，用言语或诗文自我宣传，结交有权威的人士，因为这对自己将来的发展是很有好处的。纵酒放歌，嫉恶如仇的杜甫，就是在这种动机的驱动下开始了他的漫游生活。

在长达八九年的漫游当中，杜甫领略了各地的人文与自然风光，但同时也看到了国家的一些隐患：朝廷穷兵黩武，边将好战喜功，征戍频繁，赋役繁重。他顿时就陷入了苦闷之中。正在这一时刻，他遇到了李白，才得以抒发内心的积怨。

他们在杜甫父亲杜闲的家里相识，两人不仅有诗歌的往来，而且还度过一段美好的时光。当时李白已经名满天下，天宝元年(742 年) 他奉唐玄宗之命进入长安。唐玄宗命李白供奉翰林，陪从侍宴，代草文书，但是并未重用他。他依然是一副傲岸和放荡不羁的性格，过着狂放的诗与酒交错的生活。一到长安，他就和酒徒们聚在一起，如鱼得水。而他的行为当时就是在玄宗的眼里也是新奇的、有趣的。唐玄宗最宠信的宦官高力士，是权倾内外的显赫人物。有一次

李白在唐玄宗面前喝醉了酒，显露出了他的傲慢之态，还喝令高力士为他脱靴。所以，他最终为高力士、杨贵妃等人所不容，只得"恳求"归山而被"赐金"离开了长安。政治上的失败和仕途上的挫折，使李白感到极度悲愤。之后，他只身来到洛阳。李白与杜甫相会正是在李白因为触怒权贵被放归山林的时候。杜甫在诗中描写当时的情形是："余亦东蒙客，怜君如兄弟。醉眠秋共被，携手日同行。"相似的人生遭遇，同样的孤傲性格，李白和杜甫可谓一见如故，而且是很投缘的。再加上他们都喜欢饮酒，因而在欢饮达旦中各显出一番天真来。杜甫后来在《寄李十二白二十韵》一诗中写道："剧谈怜野逸，嗜酒见天真。"说的是自己和李白高谈阔论，而酒宴中的李白最能表现出他的个性本色，最能张扬他的人格魅力。此外，当时李白的一派仙风道骨也深深地吸引了杜甫，他亲自陪同李白去求仙访道。二人越过黄河，到了王屋山，去寻访道士华盖君。谁知走到小有清虚洞天，才知华盖君已经死了，其生前所居住的寺院也是一片荒芜，他们只好沮丧而归。

之后，李白去陈留拜访从祖，当时任采访使(监察官)的李彦允，杜甫则到了梁宋(今河南一带)，李白接着赶来。在梁宋，他们又遇到了高适。当时高适参加科举考试没有中举，正在梁宋和山东一带漫游。杜甫在开元末年曾与他在汶水之溪相识，如今重逢，三位诗人在这里度过了一个浪漫而自由的秋天。

他们三人同游了汴州东南的梁园。梁园是西汉文帝二儿子梁孝王刘武建的离宫，原有平台、兔园等名胜。经过南北朝时期的战乱洗礼后，这个时候已经荒芜了，但遗迹还保留着。三人在凭吊历史中不禁为世事的沧桑巨变而感叹。他们一同登上酒楼，饮酒赋诗，心情十分愉悦。这时李白44岁，已经名扬天下；高适43岁，他的边塞诗也享有盛名；而杜甫才33岁，重要作品还没有产生。他觉得李白、高适的想象丰富，构思奇特，钦佩之情，溢于言表。喝完酒后，他们仍然兴致勃勃，便登上了城东南的吹台，面对芒山、砀山，勾起了怀古的幽情。汉高祖刘邦曾经隐匿于此地，如今刘邦早已故去，听到的只是几只大雁和野鸭在悲哀地鸣叫。不想在当前这所谓太平盛世中，人们竟然心中空怀大志，却无法施展，正像那失群的孤雁，一阵悲伤凄婉的情绪不禁在杜甫的心头泛起。

中国古代文学巨匠

他们对现实不满，于是发出了对唐王朝的批判：

先帝正好武，寰海未凋枯。猛将收西域，长戟破林胡。
百万攻一城，献捷不云输……

当朝皇帝喜好发动战争，而守边的将领贪功，用兵吐蕃，
侵袭突厥，所以他们三个人忧国伤时，担心总有一天天下
会大乱，而百姓也会遭殃。

宋州以北，直到单父(今山东单县)，有一片非常
适合游猎的孟渚泽。他们三人在这里一起驰骋游猎。
冬天，他们登上了城北的单父台，遥望远方那没有边
际的原野，似乎一直能望到渤海的海滨。凛冽的寒
风、苍茫的风云，从万里之外扑面而来。他们内心又想到了唐玄宗的穷兵黩武，
谈到了"太平盛世"背后所隐藏的危机。"君王无所惜，驾驭英雄才。幽燕盛
用武，供给亦劳哉!"他们对东北边境的急迫形势已经深深地感到不安了。

天宝四年（745 年），高适前往南方去游楚地，杜甫和李白到了山东齐州。
李白要在齐州紫极宫领受北海高天师的"道箓"，杜甫则拜访了北海太守李邕。
秋天，杜甫到了兖州，李白又由任城（今山东济宁）赶来相会。这次重逢，杜
甫写出这样四句诗赠给李白，表达了怀才不遇，愤世嫉俗的心情：

秋来相顾尚飘蓬，未就丹砂愧葛洪。痛饮狂歌空度日，飞扬跋扈为谁雄?

之后他和李白一起到山东访问道士董炼师和元逸人。他们白天携手同行，
晚上饮酒，醉时就共盖一条被子酣睡淋漓，彼此之间的感情比去年在洛阳和宋
州的时候又增进了许多。他们有时走出兖州北门，寻访范隐士的居所，在那里
任情畅谈，常常守着一杯酒细细地谈诗论文。但这却是两位伟大诗人生命中最
后的相聚。不久之后，杜甫欲西去长安，而李白则准备重游江南。二人在兖州
城东的石门分手，临别的时候，李白赠给了杜甫一首诗：

醉别复几日，登临遍池台。何时石门路，重有金樽开? 秋波落泗水，海色
明徂徕。飞蓬各自远，且尽手中杯! （《鲁郡东石门送杜二甫》）

后来二人各奔东西，但有诗互相寄赠。杜甫格外珍惜与李白的这一段友情，
他日后写下二十多首与李白有关的诗歌。在他的诗歌中充满了对李白的崇敬，
而且对李诗风格的评价甚为恰当。如《春日忆李白》："白也诗无敌，飘然思不
群。清新庾开府，俊逸鲍参军。渭北春天树，江东日暮云。何日一樽酒，重与

细论文。"此外，在《杜甫诗集》还可以见到十来首，如：《赠李白》《春日忆李白》《梦李白》《天末怀李白》等等。李白写给杜甫的诗《李白集》中有《戏赠杜甫》《沙丘城下寄杜甫》《鲁郡东石门送杜二甫》。就此也可以想见两位伟大的诗人曾经的关系。

中国文化史上俞伯牙和钟子期之间"高山流水觅知音"的深厚友情历来被人们所推崇，但是李白与杜甫的友情，可以说，堪比伯牙与子期。但他们的交往，是那么的短暂。相识已是太晚，作别又是那样的匆忙，正像李白送别诗里所写到的："飞蓬各自远，且尽手中杯。"从此两人再也没有见面。多情的杜甫在这以后一直处于对李白的思念之中，不管流落何地都写出了刻骨铭心的诗句。

此后在天宝十五年，李白参加了永王起兵与肃宗争夺皇位的行动，被唐中央王朝所仇视。当时李白的心里是孤独而落寞的，但是，世界上却有一个人，对李白的爱戴与尊敬并没有随着社会的舆论而改变，这个人就是杜甫。他写诗为李白抱不平，为其剖白辩护。他说："处士祢衡后，诸生原宪贫。稻粱求未足，薏苡谤何频！"意思是李白之下庐山随从永王，乃是被生活所迫要讨碗饭吃，根本不是怀有什么野心。"苏武元还汉，黄公岂事秦？"说的是正像苏武欲归汉，夏黄公不事秦始皇一样，李白追随永王也并非是其心甘情愿的，乃至于杜甫愤怒地喊出了"世人皆欲杀，吾意独怜才"的诗句。在众人对李白避之不及的情况下，杜甫却写下一首首诗为李白的罪名开脱，真可谓是用心良苦。

诚然，这两位唐代诗坛巨匠之间的忘年之交是无比受人推崇的。杜甫对李白诗歌的赞美极大地扩大了李白诗歌的影响，而且为后代的人们如何去欣赏李白的诗歌，指出了一个明确的方向。虽然当时杜甫的名气比不上李白，但是后人对杜甫诗歌的评价却上升到和李白同样的高度。郭沫若更称："李白和杜甫是像兄弟一样的好朋友。他们在中国文学史上的地位就跟天上的双子星座一样，永远并列着发出不灭的光辉。"虽然他们两个人在文学道路上的探索与追求各不相同，但是却能够肝胆相照、惺惺相惜。

总之，李白是诗仙，杜甫是诗圣。仙出世，李白一生都在想象与虚幻中浪漫地飞行；圣入世，杜甫一生都在现实的荆棘与泥水中艰难地行走跋涉。李白写幻想，杜甫写现实；李白写梦中世界，杜甫写梦醒时

分；李白写复杂为单纯，杜甫写单纯为复杂；李白写过往未来，杜甫写当今时世；李白近道，杜甫近儒；李白是传奇，杜甫是诗史；李白是天之骄子，杜甫是国中豪杰；李白诗歌秀丽在于神，杜甫诗歌壮美在于骨。二人都以他们超凡的诗才和博大的襟怀，撑起了盛唐及中唐诗坛一片"高不可及"的绚丽天空；都以其令人崇敬的人格和真挚的友情，谱写出了文学史上一段"文人相重"的千古佳话。

李白和杜甫都虚怀若谷，彼此尊重，他们的交往和真挚的友谊为后代树立了良好的榜样。这在文人之间的交往中可以说是非常难得的。特别是杜甫，自从分别后，一直怀念着李白，并一直赞美着李白。说他是一位天才，是"一斗诗百篇""敏捷诗千首"；说他的诗能够"笔落惊风雨，诗成泣鬼神"。在二人的友谊中，杜甫表现出了对李白极大的信任。究其原因，是因为杜甫对李白的崇敬已经根深蒂固了。

杜甫对李白的崇敬之情表现之一：李白是一位天才，生性放荡不羁，潇洒飘逸，具有行云流水般的诗歌才情，因此当时已经被人们尊称为"诗仙"。他天马行空，不拘一格，用自己的生命来寻找浪漫，世人不得不震撼于他的激情澎湃，并不自觉地被他的那种精神所吸引，以至于被感染，被打动……李白的诗好似川江上行船，异峰奇岩，山花竹海，扑面而来。忽而满天白云，日朗气清。忽而风雨飘洒，薄雾缭绕。顺流而下，两岸的猿声啼叫听不尽，四面的屏风叠嶂看不完。李白诗又如高度的烈酒，俗称"烧刀子"，一饮入喉，便会酒精刺鼻，热力入肺，胸胆开张。但不宜浅斟，而要痛饮；不宜小杯，而要大盅，需有一定酒量者方可尝试。酒酣耳热，一醉陶然，便飘飘有凌云之概……李白诗具有豪放飘逸的风格、变化莫测的想象、清水芙蓉的美，对同时期的诗人有很大的吸引力。

在李白和杜甫相处的那一段时期里，两个人经常在一起喝酒谈诗论文，所以，李白的诗歌造诣必定会对杜甫的诗歌创作产生一定的影响。曾有观点认为，杜甫《登兖州城楼》诗中的两句"浮云连海岱，平野入青徐"与李白诗句"秋波落泗水，海色明徂徕""青山横北郭，白水绕东城"的句式相似，但是视野比以前更开阔了。于是后人就有这样一种猜想，李杜相处的那段时间里，李白曾经帮助杜甫修改过诗篇。虽然这一观点还有待进一步的确认，但是两个同样喜爱诗歌创作的人在一起谈诗论文，肯定会互相切磋技艺。而李白当时又是诗坛的泰斗，诗歌自成一体，因此，作诗经验自然比杜甫丰富，所以说他指导杜甫修改诗歌是再正常不过的事情了。

而杜甫在与李白的谈话交流中，除了能吸收经验外，还感受到了李白的那种天性豪放飘逸的精神气概。他后来在《春日忆李白》中写道："白也诗无敌，飘然思不群。清新庾开府，俊逸鲍参军。渭北春天树，江东日暮云。何时一樽酒，重与细论文。"

他在诗中赞美着李白：相对于庾信的诗清新而不俊逸，鲍照的诗俊逸而不清新来说，李白的诗可以说是二者兼而有之，其清新俊逸之风实在是没有人可以比得上的。并且诗中还表达了杜甫期盼和李白再次重逢，继续把酒言欢，作诗论文的愿望。我们从这些诗句中都能看出杜甫对李白的衷心赞美以及对李白才华的推崇和肯定。

杜甫对李白的崇敬之情表现之二：景仰其求仙问道，追求自由生活，张扬个人品性的人生态度。

同为宗教，道教和佛教在思想观念上有很大差别：和佛教以生为苦刚好相反，道教是以生为乐，以长寿为大乐，以不死成仙为极乐，这就吻合了人们的第一层发自本能的需要——生存；和佛教实行禁欲苦行相反，道教主张人要活得舒服，活得自在，这就吻合了人们的第二层需要——享乐；既能生存，又能享乐，还需要高雅脱俗，不堕俗尘，这种就是神仙日子，这就吻合了人们的第三层需要——精神满足。作为深受道教思想影响的李白，自然形成了他追求生活自在、思想自由的品格，在他身上有一股仙灵之气与天人妙相。这种信仰在李白思想中占有重要地位，在他的近千首诗中有一百多首与神仙道教有关。他

正式入道，"名在方士格"。他炼丹服食，是非常认真的，充满对于神仙境界的幻想。当他仕途失意的时候，便进一步走向道教。道家和道教信仰给了他一种极强的自我解脱的能力。他的不少诗表现出人生如梦、及时行乐的思想，而其实是渴望任随自然、融入自然，在内心深处深藏着对于人生自由的向往。在他的人格里，

有一种与自然的亲和力。山水漫游，企慕神仙，终极目的是要达到一种不受约束的逍遥的人生境界。他的狂傲不羁的性格，飘逸洒脱的气质，都来源于这样的思想基础。而人们往往觉得超凡脱俗并有突出成就的人会有种高不可测的感觉，也容易对这类人产生景仰。杜甫也不例外。其《寄李十二白二十韵》的首两句："昔年有狂客，号尔谪仙人。"其中的"狂客"，指贺知章。这两句记录了贺知章送号给李白一事：李白作为当时的一位著名诗人出现在长安诗坛之际，诗坛长老贺知章便对其人格、诗风作出"谪仙人"这一评价。杜甫与李白相识后，对贺知章送号"谪仙人"给予李白表示出了极大的赞同，因为他与贺知章一样，见到李白后都惊为谪仙人。可见李白的仙风道骨给杜甫留下了深刻的印象。

此外，李白的明朗、自信、奔放的感情，与自然合而为一的潇洒风度也曾经让杜甫景仰不已。《赠李白》中"李侯金闺彦，脱身事幽讨"，这两句可以对比出杜甫眼里李白的超然，指出李白的心境是一般人达不到的。于是杜甫跟着李白一起去名山大川寻仙访道。《与李十二白同寻范十隐居》一诗记述了他们一起寻访范道士一事，并借此抒发二人的真挚友情。而《赠李白》一诗中有"亦有梁宋游，方期拾瑶草"，道出杜甫自己也早就有出游梁、宋的打算，正在期望与李白同游梁、宋，拾瑶草、采玉芝。而杜甫的《赠李白》中提及李白喜欢炼丹服药一事："秋来相顾尚飘蓬，未就丹砂愧葛洪。"从中也可猜想出他们之前曾经"相期拾瑶草"。杜甫和李白分别后，杜甫在长安感受到了人世冷暖，对李白与纯真的友情更加珍重，对与李白一起度过的自由放任的日子更加思念。他甚至后悔没有与李白一道隐居山林，却跑到长安来看人冷眼，寄人篱下……虽然杜甫最终还是近儒多于近道，但是与李白交往的时期，杜甫的求仙诗和游侠诗明显地豪放、大气得多。就人生态度而言，杜甫也旷达了许多，所以与李白一起求仙问道的经历是他永生难忘的。

杜甫对李白的崇敬之情表现之三：崇敬其快意恩仇，笑傲王侯的人格魅力。

虽然道教的影响使李白拥有了不为权势富贵所迫、不为世俗名利所累的个性。但是在他心中也有"安社稷、济苍生"的宏愿，"终与安社稷"（《赠韦秘书子春》），"谈笑安黎元"（《书情赠蔡舍人》），就是他的这种意愿的写照。李白也曾得玄宗礼遇，但他得不到重用，并不得志。而李白平生结交王侯，傲视群小，终于招来嫉恨，屡遭谗毁、排挤和打击。依他的个性，自然不会违己心志，屈从权贵，而是更强烈地追求自由。一句"安能摧眉折腰事权贵，使我不得开心颜！"就表现了他对自由的热烈追求和对权贵的无比蔑视；一句"古来圣贤皆寂寞，唯有饮者留其名"，表现了李白对权势富贵的轻视，对封建礼法埋没人才的黑暗现实的批判。

李白一生爱好饮酒，其狂傲飘逸的人格也与酒有着千丝万缕的密切关联。酒是李白人生中不可缺少的伴侣，酒意与仙风是李白生命的动力。有了酒，李白就有了傲视王侯的勇气。杜甫曾称赞说："李白斗酒诗百篇，长安市上酒家眠。天子呼来不上船，自称臣是酒中仙。"说的是李白只要喝下一斗酒，就能作出上百篇诗，他经常在长安街市饮酒，醉了就睡在酒家里。因此，可以说诗与酒是透视李白人格的聚光，饮酒能称酒仙，吟诗堪作诗仙的人，数千年来，仅李白一人而已。

"黄金白璧买歌笑，一醉累月轻王侯"。在酒中更能表现出李白的狂傲姿态。他虽然出身平民，但是却从来不肯向权贵们低头，始终保持着自己傲岸不屈的独立人格。"天子来呼不上船"，对于李白来说，无论是帝王，还是高官，自己都可以与他们平起平坐，调笑嬉戏。谈起自己供奉翰林时的情景，李白曾不无自豪地说自己"揄扬九重万乘主，谑浪赤墀青琐贤"。在酒气中，李白可以让当朝圣上为自己调羹，让宰相李林甫为自己磨墨，让杨贵妃为自己捧砚，让高力士为自己脱靴，这是何等的狂傲，何等的豪放！李白在醉意中的狂傲放达，正表现出了他要从精神上超越等级森严的封建专制制度，在人格上高扬自我，维护个体尊严的要求。

都说好酒的人一定是为人坦荡，做事光明磊落的大丈夫。因此，他们不会惧怕酒醉后惹祸上身，身在尘世之间，而心境却早已超然于世俗之外。杜甫对李白的这种纵恣天才和不畏权贵、洒脱豪爽的性格赞叹不已。

此外，李白还是时代的骄子。他具有"戏万乘若僚友，视同列如草芥"的独立人格和"剧谈怜野逸，嗜酒见天真"的个性风采等等，所有的这些使他具有了一种非凡自信的资本——"天生我才必有

用"。但是他又把人生想得过于简单与理想化了。他心存求仕之心，但是却不愿意走科举入仕之路，也不愿从军边塞；而是寄希望于风云际会。始终幻想着"平交王侯""一匡天下"而"立抵卿相"，建立一番盖世功业之后便功成身退，归隐江湖。这种脱离了现实环境的理想化人生设计，再加上李白心高气傲的性格，注定会被现实打击得遍体鳞伤。其中在他一生中最大的挫折莫过于上文所提到的追随永王起兵事件。李白被判罪流放夜郎，杜甫写下《天末怀李白》："凉风起天末，君子意如何？鸿雁几时到，江湖秋水多。文章憎命达，魑魅喜人过。应共冤魂语，投诗赠汨罗。"

其中"文章憎命达，魑魅喜人过"二句，意思是才华横溢的人总是命运坎坷。语言极其悲愤，其中暗含着李白是因为受人诬陷而被流放夜郎的。而最后两句，杜甫通过哀叹李白的身世，很自然地联想到被谗放逐、自沉汨罗江的战国时期的爱国主义诗人屈原。他认为李白和屈原在遭遇上有着某些相似的地方，屈原是含冤而死，而李白是含冤被流放。杜甫自始至终都是相信并支持着他的挚友，这足以表明他对李白人格的敬佩之甚，认识之深。令人庆幸的是，在杜甫作诗的时候，李白已经遇赦放还在南游洞庭了，而杜甫对李白的那种怀念和牵挂，却依然还在继续着……

（二）杜甫与李白互赠诗几首

李白与杜甫的友谊是中国文学史上的佳话。杜甫在自己的诗里生动地描写了二人同游以至结交深厚友谊的经过。他们在石门分别，李白南下江东，杜甫西上长安，从此以后二人再也没有见过面。但是，杜甫非常珍惜和李白的这段友谊，曾经多次写诗怀念李白，下面就举其中的几首为例。

梦李白二首

杜　甫

其一
死别已吞声，生别常恻恻。

江南瘴疠地，逐客无消息。

故人入我梦，明我长相忆。

君今在罗网，何以有羽翼？

恐非平生魂，路远不可测。

魂来枫林青，魂返关塞黑。

落月满屋梁，犹疑照颜色。

水深波浪阔，无使蛟龙得！

其二

浮云终日行，游子久不至。

三夜频梦君，情亲见君意。

告归常局促，苦道来不易。

江湖多风波，舟楫恐失坠。

出门搔白首，若负平生志。

冠盖满京华，斯人独憔悴！

孰云网恢恢？将老身反累！

千秋万岁名，寂寞身后事。

此诗作于乾元二年（759 年）秋，当时作者杜甫正客居秦州（今甘肃天水市）。在 758 年，李白因参加永王的军队被判处流放夜郎（治所在今贵州正安西北），到这年春天行至巫山就遇到赦免放还。杜甫只是知道李白被流放，但是却不知道他已经遇赦放还，所以心里很是担忧李白的前途，一连几天做梦都梦见了他，所以就写了这两首诗。但是，写成这两首诗后不久，作者获悉李白遇赦，十分高兴，又写了《寄李十二白二十韵》，把李白的遭遇、人格以及诗歌的成就统统都写了进去，等于给他作了传记。

不 见

杜 甫

不见李生久，佯狂真可哀！

世人皆欲杀，吾意独怜才。

敏捷诗千首，飘零酒一杯。

匡山读书处，头白好归来。

这首诗作于作者客居成都的初期，或许杜甫在这
一时刻已经辗转获悉李白已在流放夜郎的途中获得释放，所
以就有感而作。这首诗用质朴的语言，表现了对挚友的深情。
开头一句，突兀陡起，好像蓄积于内心的感情一下子迸发出
来了。句首置"不见"二字，深切地表达了作者急切渴望见
到李白的愿望，又把"久"字放到句末，强调他对李白的思
念时间之长。因为杜甫和李白自天宝四载（745 年）在兖州分手以后，已经有
整整十五年没有再见过面了。此外，这首诗中还流露出诗人对李白怀才不遇，
因而疏狂自放的哀怜和同情。古代一些不满现实的人也往往佯狂避世，像春秋
时的楚狂接舆。李白即自命"我本楚狂人"（《庐山谣寄卢侍御虚舟》），并且经
常纵酒吟诗，笑傲王侯贵族，以一种狂放不羁的态度来抒发自己心中欲济世而
不得的悲愤心情。一个有着远大抱负的人却不得不"佯狂"，这实在是一个大悲
剧。"佯狂"虽然能够蒙蔽世人的眼睛，然而作为李白的至交，杜甫却可以深
深地理解和体谅李白心中的那份苦衷。"真可"二字修饰"哀"，很生动地传达
出诗人对李白无限叹惋和同情之心。然而这种悲剧也同样发生在杜甫的身上，
他曾经因为上书救房琯而被皇上逐出朝廷，不也是"世人"对他的一种不公的
表现吗？"怜才"也是怜己。共同的遭遇将两位挚友的心更加紧密地联系在一
起，这也许就是杜甫深切哀怜李白的根本原因吧。

赠李白

杜　甫

秋来相顾尚飘蓬，未就丹砂愧葛洪。

痛饮狂歌空度日，飞扬跋扈为谁雄？

开元二十九年（741 年）杜甫结束了人生中的第二次漫游，从山东回到了
河南洛阳。天宝三载（744 年），李白因为对杨贵妃和高力士擅权专横的行为不
满，于是就离开了长安，在经过洛阳的时候见到了杜甫。这两位诗人一见面谈
话就非常亲热、投机，从此以后就结下了深厚的友谊，成为中国文学史上的一
段佳话。

而唐朝在安史之乱以前，学道求仙的风气很盛。统治者妄想成仙，希望把

他们这种优越的生活永远延续下去。此外，还有一些对现实不满的人，想通过炼丹修道，超凡脱俗，以获得精神上的解放。李白反对人世间的一切桎梏，强烈要求个人自由，所以学道求仙也成为他生活中的主要经历。杜甫是一个具有伟大政治抱负的现实主义诗人，对于李白所追求的这种人生情调，原本是格格不入的，但是由于这个时候他政治上不得意，生活上也是穷困潦倒，所以看不到未来生活的出路，他在被李白豪迈超脱的风度和才华横溢的诗篇吸引的同时，也被他学道求仙的生活所感染。这首诗就表达了作者杜甫对李白那种追求自由、狂放不羁精神的赞赏与敬佩。

饮中八仙歌

杜 甫

知章骑马似乘船，眼花落井水底眠。

汝阳三斗始朝天，道逢曲车口流涎，恨不移封向酒泉。

左相日兴费万钱，饮如长鲸吸百川，衔杯乐圣称避贤。

宗之潇洒美少年，举觞白眼望青天，皎如玉树临风前。

苏晋长斋绣佛前，醉中往往爱逃禅。

李白一斗诗百篇，长安市上酒家眠，天子呼来不上船，自称臣是酒中仙。

张旭三杯草圣传，脱帽露顶王公前，挥毫落纸如云烟。

焦遂五斗方卓然，高谈雄辩惊四筵。

《饮中八仙歌》是一首别具一格、富有特色的"肖像诗"。八个酒仙是同一个时代的人，又都在长安生活过，在嗜酒、豪放、旷达这些方面彼此都非常地相似。诗人以简练的语言，运用人物速写的手法，将他们写进一首诗里，构成一幅栩栩如生的群像图。在诗中所描绘的这八个人中，李白第五个出场，但是他却是这首诗的中心人物。因为李白与酒有着不解之缘，李白自己也说过"兴酣落笔摇五岳"（《江上吟》），"百年三万六千日，一日须倾三百杯"（《襄阳歌》）。杜甫描写李白的几句诗，"李白一斗诗百篇，长安市上酒家眠，天子呼来不上船，自称臣是酒中仙"，以一种浮雕般的手法突出了李白的嗜酒和诗才。李白嗜酒，醉中往往在"长安市上酒家眠"，习以为常，不足为奇。"天子呼来不上船"这一句，顿时就使李白的形象变得高大奇伟。

李白醉酒后，更加狂放不羁，豪气纵横，即使天子召见他，他也不会表现出一副毕恭毕敬、诚惶诚恐的样子，而是非常自豪地大声呼喊："臣是酒中仙！"强烈地表现了李白不畏王侯与权贵的性格。"天子呼来不上船"，虽然未必是事实，而且还带有一些夸张的色彩，但是却非常符合李白的思想性格，所以就具有高度的艺术概括性和强烈的艺术感染力。杜甫是李白的挚友，他很准确地把握到了李白思想性格的本质，并加以浪漫主义的夸张，将李白塑造成这样一个豪放纵逸、桀骜不驯、敢于蔑视封建王侯的艺术形象，使得李白这尊肖像，神采奕奕，形神兼备，焕发着美好的理想光辉，令人难忘。这也正是千百年来人民所喜爱的极富浪漫主义色彩的李白形象。

李白直接为杜甫写的诗，评论家认可的只有两首，即《沙丘城下寄杜甫》和《鲁郡东石门送杜二甫》，全录于此。

沙丘城下寄杜甫

李 白

我来竟何事？高卧沙丘城。

城边有古树，日夕连秋声。

鲁酒不可醉，齐歌空复情。

思君若汶水，浩荡寄南征。

沙丘城，旧说在河北巨鹿，又有人认为在山东掖县，都不确切。根据这首诗来判断，大约在山东汶水流域，这是李白在鲁中寄居的地方。这首诗可能是天宝四载（745年）秋，李白在鲁郡送别杜甫、南游江东之前，回到沙丘寓所写，诗中表达了对杜甫深深的怀念之情。从天宝三载春夏之交，到天宝四载秋，李白与杜甫两个人虽然也曾经有过短暂的分离，但是总的来说，相处的日子还是很多的。现在，诗人送别了杜甫，告别了那种充满着友情与欢乐的生活，独自一人回到沙丘，心中自然就会备感孤独寂寞，更加认识到友谊的宝贵。这首诗就抒发了作者在这种情境之下的无法排遣的"思君"之情。不过，值得注意的是，诗人一开始用很多的笔墨写"我"——"我"的生活，"我"的周边环境，以及"我"的内心感受。诗的前六句没有一个"思"字，也没有一个"君"字，让人读起来有一种山回路转、不知将至的感觉。一直到诗的结尾才豁然开朗，说出"思君"二字，可谓是卒章显志。当我们明白了这个主旨之后，再回过头去细细地体味前面六句时，就会又觉得没有一句不是在写"思君"之情的，而且在感情上是一联胜似一联，以至最后不得不直抒胸臆。可以说前六句之烟云，都成了后两句之烘托。这样的构思，既能从各个角度，以身体的各种感受，为诗的主旨积蓄力量，同时也赋予了那些日常生活的小事情以浓浓的诗味。

鲁郡东石门送杜二甫

李　白

醉别复几日，登临遍池台。

何时石门路，重有金樽开？

秋波落泗水，海色明徂徕。

飞蓬各自远，且尽手中杯！

这是一首送别诗。李白于天宝三载（744年）被诏许还乡，驱出朝廷后，在洛阳与杜甫相识，二人一见如故，来往密切。天宝四载，李杜重逢，把鲁郡一带的名胜古迹都看遍了，深秋，杜甫西去长安，李白再游江东，二人在鲁郡东石门分手，临行时李白写了这首送别诗。殷切表示希望能再次相聚。石门，在今山东曲阜县东北，山不甚高大，有石峡对峙如门，故称石门。是一座风景秀丽的山峦，山有寺院，泉水潺潺，李杜经常在这幽雅隐逸的胜地游览。

"醉别复几日"，没有几天便要离别了，那就痛快地一醉而别吧！两位大诗人在即将分手的日子里舍不得离开，"醉眠秋共被，携手日同行"。鲁郡一带的名胜古迹，亭台楼阁几乎都登临游览遍了，"登临遍池台"说的就是这个意思。李白多么盼望这次分别后还能重会，同游痛饮，"何时石门路，重有金樽开？"这两句诗也就是杜甫所说的"何时一樽酒，重与细论文"的意思。"重有金樽开"中这一"重"字，热烈地表达了李白希望重逢欢叙的迫切心情，又说明他们生活中有共同的乐趣，富有浓烈的生活气息，读来令人感到亲切。

李杜同嗜酒，同爱游山玩水。他们是在秋高气爽、风景迷人的情景中分别的，"秋波落泗水，海色明徂徕"。这里形容词"明"用如动词，赋予静态的自然色彩以运动感。不说徂徕山色本身如何青绿，而说苍绿色彩主动有意地映照徂徕山，和王安石的诗句"两山排闼送青来"（《书湖阴先生壁》）所采用的拟

人化手法相似，这就把山色写活，显得生气勃勃而富有气势。"明"字是这句诗的"诗眼"，写得传神而生动。在这山清水秀、风景如画的背景中，两个知心朋友在难舍难分，依依惜别，"飞蓬各自远，且尽手中杯!"好友离别，仿佛转蓬随风飞舞，各自飘零远逝，令人难过。语言不易表达情怀，言有尽而意无穷。那么，就倾尽手中杯，以酒抒怀，来一个醉别吧。感情是多么豪迈和爽朗!结句干脆有力，李白对杜甫的深厚友情，不言而喻而又倾吐无遗。

这首送别诗以"醉别"开始，干杯结束，首尾呼应，一气呵成，充满豪放不羁和乐观开朗的感情，给人以鼓舞和希望。诗中的山水隽美秀丽，明媚动人，自然美与人情美——真挚的友情，互相衬托。纯洁无邪、胸怀坦荡的友谊和清澈的泗水秋波、明净的徂徕山色交相辉映，景中寓情，情随景现，给人以深刻的美感享受。这首诗以情动人，以美感人，充满诗情画意，是脍炙人口的佳作。

五、杜甫与菜肴

（一）杜甫与五柳草鱼

川菜中有道名菜叫"五柳草鱼"，不但做法简单，而且味道还很鲜美。据民间传说这道菜是大诗人杜甫流传下来的。

在介绍这道菜的来历之前，我们先来看看杜甫一生所过的生活。曾经有人在书中说"杜甫是个老乞丐"。杜甫最开始在长安的那几年，由于得不到朝廷的重用，再加上父亲杜闲去世，因而没有固定的经济资助，以至于生活陷于极端困窘之中。杜甫有一个名叫杜济的族孙居住在长安城南郊，为了叨扰一顿饭吃，他每每前去走动，但是这位族孙的日子过得也不富裕，看见长辈来自己家了，心里非常不乐意，嘴上虽然没说什么，但在行动上却表现了出来：在从井中打水淘米的时候，使劲地摆动水桶，把水搅得发浑；到菜园中砍菜的时候，放手乱砍一通。杜甫对这种情景万分感慨，心中很是抑郁，于是作《示从孙济》："平明跨驴出，未知适谁门。权门多噂沓，且复寻诸孙。小人利口实，薄俗难具论。所来为宗族，亦不为盘飧。勿受外嫌猜，同姓古所敦。"表现出了他在遭遇"宗族"冷落后的悲伤与哀愁。当然其中也有热心的好友来帮助他。有一次，杜甫得了一场大病，被折磨得面黄肌瘦，头昏眼花，差点要了命。大病初愈时，他拄着拐杖出门散心，不知不觉就来到了朋友王倚的家门口。王倚见到杜甫这般模样，十分同情，于是邀请他进自己家做客，并且买肉买酒，热情地招待了他。杜甫作诗《病后过王倚饮赠歌》表示感激："但使残年饱吃饭，只愿无事长相见。"

其实从那时起，杜甫就有意无意地过起了到处向亲朋好友乞讨要饭的日子。其诗《投简咸华两县诸子》中"饥卧动即向一旬，敝衣何啻联百结"便是他这段长安生活的真实写照。《云仙杂记·夜飞蝉》引《放怀集》："杜甫每朋友至，引见妻子。韦侍御见而退，使其妇送夜飞蝉，以助妆饰。"丈夫穷困，老婆自然也得不到什么富贵，但是杜甫自己却从没有觉得寒酸，倒是客人实在看不过眼，叫夫人送了一个头饰过来。

后来安史之乱爆发，杜甫被迫离开长安，携家眷流落到了成都。他们一家人先是借住在浣花溪畔的一座古寺里，家里一贫如洗，都揭不开锅了。杜甫自己有所记载："入门依旧四壁空，老妻睹我颜色同，痴儿不知父子礼，叫怒索饭啼门东。"家里的小孩子饿得实在是支持不住了，也就顾不上什么父子之礼，冲着父亲一阵发怒，叫他赶快到邻居那里去借米回来做饭吃。而"五柳草鱼"这道菜的来历就和他在生活上的贫困及其在成都浣花溪畔的这段生活经历有关。

据说，杜甫居住在成都浣花溪畔的时候，有一天，从江南来了一位客人，千里迢迢来看望杜甫。有朋自远方来，当然不亦乐乎，杜甫便滔滔不绝地和他攀谈起来，到了中午，杜甫才想起要做午饭。

一提到做饭，杜甫刚才那个谈话的高兴劲顿时就消失了，因为他在这里真可谓是贫困潦倒，家里连下锅的米都没有了，所以就穷得做不出一顿像样的饭菜来招待远来的客人。一想到这些，杜甫就觉得对不起朋友，一时愁眉苦脸的，因为他很重视与朋友之间的感情。正在他绞尽脑汁想办法的时候，正好邻居家一个小伙子从河里钓到了一条三斤重的鲫鱼，从杜甫门前经过。小伙子见杜甫正因没有菜招待远客而发愁，就说："杜大伯，这条鱼送给你待客。"

杜甫见小伙子雪中送炭，顿时就兴奋起来，说："太好了，真是太谢谢你了，你真是帮了我的大忙啦！"

杜甫从小伙子手中接过鱼，立刻就下厨烹制。他先烧了一锅水，利用烧水的空闲时间，把鱼用刀剖开，剔除里面的肠胆后，用水洗干净。等水烧开以后，就把鱼放到锅里煮。

这时，杜甫又去屋后的竹林中挖了一只冬笋，采了几只蘑菇，拿了一些生姜和葱，从屋檐下摘了几只晒干的红辣椒。他把这五样东西用水洗干净以后，全部都切成细丝。不一会儿，鱼煮熟了，杜甫用漏勺捞起鱼，把水沥干，放到一个盆子里，然后又撒上了一层胡椒面。

之后，杜甫又换了一口锅，往里面放两匙油，待油烫了之后，把五样细丝放在一起煸炒一下，然后再加上一匙酒，三匙糖，半匙盐，一匙醋，一匙酱油，两勺清水，熬成汤汁，均匀地泼洒在鱼的身上，这样这道菜就算是做成了，杜甫把菜端到桌子上。

客人吃了这道菜以后赞不绝口。杜甫心里也非常高兴。因为这道菜用了五种作料，所以取名叫"五柳鲫鱼"，又因为鲫鱼在成都都是野生的，又称"草鱼"，所以又叫"五柳草鱼"。

这道川味名菜，一直在后世流传，现在人们的饭桌上还可以见到这道菜。

（二）杜甫与临江豆腐

综观杜甫的诗，无不具有丰富的社会内容、强烈的时代色彩和鲜明的政治倾向，真实深刻地反映了安史之乱前后，一个历史时代的政治时事和广阔的社会生活画面，因而被称为一代"诗史"。而杜甫一生的思想也是"穷年忧黎元""致君尧舜上"，所以他的诗歌创作，始终贯穿着忧国忧民这条主线，由此可见杜甫的伟大。此外，在杜甫的生活中，虽然他自己穷困潦倒，但是在心中却总是饱含着一种对百姓的强烈的责任感，时时刻刻都在关心着百姓的疾苦，由此留下了大量的诗句。

话说有一天，杜甫独自一人到忠州南岸翠屏山麓禹庙游览，刚到溪村时，就听到附近有人在痛哭。杜甫走上前去一看，只见一位老妇和五个孩子围着一个昏迷不醒的老头在哭。一打听才知道这个老头叫杜忠，开了一家豆花店，年景好的时候，黄豆产量比较高，所以豆花生意就好，全家七口人的生活还能勉强支撑下去。但是今年遇上了大旱天气，黄豆颗粒无收，豆花生意也因此一落千丈，而且以前留下的本钱都已经吃光了，一家老小生活艰难，作为一家之主的杜老头眼睁睁地看着全家挨饿，所以心里一着急就吐血晕过去了。杜甫听了之后，十分同情他们的艰难处境，于是就从自己的口袋里拿出了一点碎银子，交给杜老头的妻子说："这点钱你先拿去给老兄治病吧！治好病以后再想办法把店子重新开起来，要不然一家人还是无法生活。"说完以后，就转身挤出了人群。杜忠的妻子和儿女们在后面大声地呼喊道："客官，请留下您的姓名，日后好报答您的恩情！"而这

时，杜甫早已离去了。

杜甫来到禹庙，受到了朋友弘文长老的殷勤款待。弘文长老先请他到客厅用茶，再陪同他观赏禹庙的美丽风光。到了中午吃饭时分，弘文长老亲自下厨为杜甫做了一道豆腐。杜甫看到这豆腐与以前自己吃过的很是不同，色泽墨绿，光洁如玉；用筷子一拈，滑腻得竟然像泥鳅一样；放在嘴里一尝，更是味香鲜嫩，麻辣适口，别具一格。杜甫于是连忙问道："弘文长老，此菜色、香、味俱全，不知它的名字是什么？"弘文长老听了他的话以后，哈哈大笑说："你这位堂堂的大诗人，足迹遍布全国各地，见多识广，怎么会有不知道的道理。"杜甫很谦虚地拱手问道："还请长老多多赐教，鄙人确实不知其名。"弘文长老说："此乃'栗橡豆腐'也，是本庙一道名菜，还是杜大人您教我做的呢！"杜甫听后，仿佛坠入了五里云中，赶忙问："这话长老从何说起？"弘文长老忙解释道："大人还记得六年前穷困秦州同谷否？"杜甫马上回答说："少陵落魄秦州地，当时穷相还历历在目。"想起当年，杜甫说着说着眼圈就红了。弘文长老接着说："那时工部大人写诗记其事云'有客有客字子美，白头乱发垂过耳，岁拾栗橡随狙工，天寒日暮山谷里'，贫僧拜读后，为之深深地叹息，同时也长了一智。既然栗橡子也能充饥，而且此地产量很多，老僧何不就用此物磨浆做成豆腐？经过多次尝试制作，最终做成这道菜肴。如果可以这样追本溯源的话，当然是拜您所赐。"杜甫听着长老的话，仿佛想到了什么事情，心里不由得转忧为喜。

在寺庙里的这顿斋饭，杜甫吃得十分高兴。饭后，弘文长老请杜甫为禹庙题诗。杜甫高兴地同意了，但同时也提出了一个条件：要弘文长老给他做两盒新鲜的栗橡豆腐。长老一听哈哈大笑说："原来是这个条件，别说您要两盒，就是二十盒也可以给您做好。"说完，就吩咐小沙弥取来纸砚，自己便亲自下厨为杜甫做栗橡豆腐去了。杜甫高兴地提笔蘸墨，行龙走蛇地写下一首五言律诗：

禹庙空山里，秋风落日斜；

荒庭垂橘柚，古屋画龙蛇；

云气生青壁，江声走白沙；

早知乘四载，疏凿控三巴。

杜甫在题写完这首诗以后，就赶忙跑到厨房跟弘文长老学做栗橡豆腐的手艺去了。他很谦虚地向弘文长老请教这道菜的做法以及在制作过程中应该注意的事项，那一副认真劲儿把长老都弄得不好意思了。杜甫说："长老莫笑，我是个好吃佬。常言说：'要想不丢丑，亲自学到手。'"两个人忙活了一个下午，豆腐做好了，长老把它们放在竹篮里装好，然后杜甫就提着竹篮，告别了长老，高高兴兴地直往豆花店走去。

杜甫刚刚跨进店门，就看见迎面走来一个十多岁的少年对他说："客官，我们店里已经没有豆花了，还是请您到别家店里去吃吧。"杜甫笑着说道："我不是来吃豆花的。你父亲的病好了吗？"少年很仔细地上下打量了杜甫一番，认出他就是上午给钱的那个人，于是就非常感激地说："老伯伯，我父亲吃了药，病情转好了，多谢伯伯的救命之恩！"说完之后，就转身进到屋里，叫出自己的母亲、哥哥和姐姐，都来给杜甫磕头道谢。杜甫赶忙扶起他们，并对杜忠的妻子说："嫂子，我从别处弄来些新鲜豆腐，你看看，好不好？"杜忠妻子见了这满满一篮子的豆腐，十分高兴。但是再仔细看看这豆腐，颜色很奇怪，黄不黄，黑不黑，就问杜甫道："恩人，这是什么豆腐，如何吃？又如何做呢？"杜甫微微一笑，说："嫂子，这是一道色、香、味俱佳的好菜，我明天会来店里替你做的，这样你们就可以多卖些钱，一家人的生活就有保障啦！"杜忠的妻子感激得不知说什么才好，口里直说："谢谢，谢谢。"

第二天一大早，杜甫就来到豆花店，取出红纸，挥笔写出一块新的招牌——临江豆腐店，又写了一副对联和横批贴在店门的两边，杜忠的大儿子点燃了一挂长长的鞭炮，噼里啪啦响个不停。邻里无论大人小孩都被惊动了，蜂拥而至，他们一看到门上贴着大红对联，还以为是办喜事。其中认得字的百姓轻声地念道："又辣又麻山珍美，下酒下饭豆腐鲜。"最引人注目的是门楣上贴的横批——天下第一家，五个大字苍劲有力，在太阳的照射下，更显得耀眼夺目。这个时候，弘文长老也在人群里看热闹，他目不转睛地望着那副对联，正出神的时候，突然，他高声地大叫道："这是工部大人杜甫的手笔！"人们一听他的话，都感到十分惊奇，特别是最上端的"天下第一家"那几个字，更是弄得大家丈二和尚摸不着头脑。人们纷纷议论说："谁有这么大口气敢说自己是

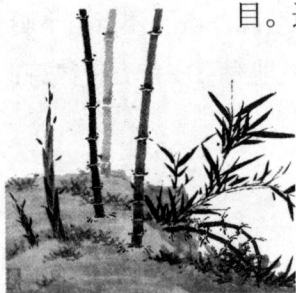

'天下第一家'，走，我们进店去看一看。"一时店里座无虚席。当豆腐刚起锅时，整个店里就香气四溢。吃豆腐的人都赞不绝口，说这是山珍奇馔，天下无二家。弘文长老挤进店去一看，原来这正是自己所创制的栗橡豆腐，不过只是制作烹调工艺更讲究罢了。于是，他转身来到厨房，见杜甫正忙着做豆腐，笑吟吟地取笑说："稀奇，稀奇！工部是厨工，诗人是厨师，天下只此一人也！"杜甫抬头见是弘文长老，连忙请他坐下，指着刚起锅的豆腐说："长老请尝尝，看我这个徒弟的手艺如何？"弘文用筷子拈一块豆腐放在嘴里，细细咀嚼品尝了一番，笑着说："妙哉，妙哉！出手不凡，真不愧是高才。杜大人，您用一道菜救活了一家人，真是可敬可尊，功德无量啊！"他们只是忙着谈话，不想谈话内容被许多看热闹的人听去了，经人们一传十、十传百，"临江豆腐店"从此就兴旺起来，杜甫亲手制作的"临江豆腐"也成了闻名遐迩的一道佳肴。

文坛全才——苏轼

　　像苏轼这样在文学艺术的各个领域都卓有建树的人，在中国文学史上是绝无仅有的，可谓"千古第一文人"。苏轼发出的夺目光辉，使整个北宋文坛为之振奋。作为艺术史上不朽的丰碑，不管是在过去、现在还是将来，苏轼都给后世人带来了深远的影响。

一、时代背景

苏轼（1037—1101年），字子瞻，号东坡居士，四川眉山人。北宋著名的文学家、书画家。21岁中进士。神宗时，曾在凤翔、杭州、密州、徐州、湖州等地任职。元丰三年（1080年）因"乌台诗案"遭受诬陷被贬为黄州任团练副使。在黄州四年多，曾于城东之东坡开荒种田，故自号东坡居士。哲宗即位后，曾任翰林学士、侍读学士、礼部郎中等职，并出任杭州、密州、徐州、湖州等地的地方官，晚年被贬惠州、儋州。元符三年，宋徽宗即位，苏轼遇赦北归。建中靖国元年七月，苏轼病逝于常州，葬于河南郏县，追谥文忠公。

苏轼一生在仕途上大起大落，在才学上却位列北宋之首。他的诗奔放灵动，格调清新，自成一派，"有必达之隐，无难显之情"；他的词慷慨激昂，开创了豪放派的先锋；他的散文气势磅礴，自然流畅，与父苏洵、弟苏辙同列"唐宋八大家"，人称"三苏"。此外，苏轼还工于书法，长于行楷，与蔡襄、黄庭坚、米芾共称"宋四家"；他善于绘画，画中讲究"神似"和"传神"；他提出"诗中有画，画中有诗"的艺术观点，在中国文化史上颇具影响。此外，他在农田水利、教育、音乐、医药、数学、金石、美学、烹饪等方面都有重要成就。世人对苏轼的评价颇高，黄庭坚曾说："人谓东坡作此文，因难以见巧，故极工。余则以为不然。彼其老于文章，故落笔皆超逸绝尘耳。"《跋东坡〈醉翁操〉》陆游："世言东坡不能歌，故所作东府词多不协。晁以道谓：绍圣初，与东坡别于汴上，东坡酒酣，自歌《古阳关》。则公非不能歌，但豪放不喜剪裁以就声律耳。"晁无咎《老学庵笔记》中说："苏轼词，人谓多不谐音律。然居士词横放杰出，自是曲子中缚不住者。"元好问说："唐歌词多宫体，又皆极力为之。自东坡一出，性情之外，不知有文字，真有'一洗万古凡马空'的气象。虽时作宫体，亦岂可以宫体概之？人有言，乐府本不难作，从东坡放笔后便难作……"对苏轼而言，高的评价也不为过。下面就介绍一下这位中国文学艺术史上罕见的全才。

宋朝是十分注重中央集权的朝代。宋太祖、宋太宗两任君主在建国之初，采取了一系列措施，把军权、政权、财权最大限度地集中到皇帝手中。这是宋朝巩固统一的必然选择，但也存在着许多无法克服的内在矛盾，并且越来越严重。

在军权集中方面，961年，即宋太祖当皇帝的第二年，便采纳宰相赵普的建议，"杯酒释兵权"。太祖亲设宴席，邀请手握重要兵权的石守信、王审琦赴宴，席间欢声笑语不断，太祖便乘机动之以情、晓之以理，劝各位将军放弃兵权，多买良田美宅，尽情享受人生。就这样，宋太祖轻而易举地解除了心头大患。并且，宋太祖为了防止将帅专兵，实行"更戍法"，即以"习勤苦，均劳役"为名，定期更换军队屯戍的地点，而将领则不随军更戍，以达到"兵无常帅，帅无常师""兵不知将，将不知兵"的目的。这些措施的实行，虽然加强了中央集权的统治，但也造成了军队战斗力的减退，致使北宋在对外斗争中失利。

979年、986年，宋太宗赵光义两次对辽用兵，企图收复燕云地区，但是屡战屡败。与此同时，党项族的首领李继也积蓄力量，觊觎中原。1004年，辽主耶律隆绪同其母后萧氏共率大军南下，制造欲消灭北宋的声势。北宋君臣束手无策，朝野一片惊慌。最终还签订了屈辱和约——"澶渊之盟"。澶渊之盟的订立，暴露了北宋政府甘心示弱于外族政权的怯懦本质。随后北宋还和党项建立的西夏政权签订了屈辱的和约。

北宋王朝对外实行消极退让的妥协政策，对内则朝野上下纷纷沉浸在对声色犬马的追逐之中，上至皇帝的贪污腐化，下至官员的互相包庇，这一切使得北宋的百姓受尽了苦头，"绕梁歌妓唱，动地饥民哭"。这首当时的民谣可谓淋漓尽致地反映了当时的场景。

对外无限制的妥协，对内大加鼓励官僚阶层，这就必然加重了对农民的剥削。虽然宋朝的变革在一定程度上促进了农业和工商业的发展。但同时也使得官僚、地主纷纷将土地敛入手中，从而以各种手段逼得农民家破人亡。当时的北宋政府还把有可能造反的农民招募到军队之中，致使军队逐渐庞大，军费开支则向农民掠夺。腐败的宋王朝就这样一步步地陷入到亡国的危难之中。

当然，朝中也不乏忠良之臣，他们纷纷要求变法，希望以此缓和危机，换取长治久安。庆历三年（1043年），宋仁宗任命范仲淹为参政知事，富弼、韩琦为枢密副使，开始了"庆历新政"。但由于北宋统治集团内部保守派的坚决反对，这次变法历时很短便以失败告终，范仲淹等人也被罢职。这次新政的失败也使社会矛盾更为尖锐，一场更为震惊世人的动乱正在酝酿之中。苏轼就生活在这样一个痛楚、复杂的年代之中。

二、家世渊源

南宋诗人陆游在《眉州披风榭拜东坡先生遗像》中说："蜿蜒回顾山有情，平铺十里江无声。孕奇蓄秀当此地，郁然千载诗书城。"这里所说的孕奇蓄秀的地方就是今四川眉山城，历史上又名通义州。谷深水急的岷江自川北岷山发源，由北而南纵贯全城。这里土地肥沃，气候温和，苏洵曾赞道："岷山之阳土如腴，江水清滑多鲤鱼。"（《赠陈景回》）苏轼也有"想见青衣江畔路，白鱼紫笋不论钱"的感慨。（《寄蔡子华》）《蜀中名胜记》引《通义志》云："昔人评吾州，山不高而秀，水不深而清……小南门城村，家家竹篱桃树，春色可爱，桥之下流，皆花竹杨柳。泛舟其间，乡人谓之小桃源。"如此温情秀丽的地方，真可谓集天地之灵气，得日月之精华。一代文豪苏轼就诞生于此。

苏轼，字子瞻，号东坡居士，宋仁宗景祐三年（1036年）阴历十二月十九日卯时，生于这个小城镇的书香门第。他死后七十年，朝廷追谥他为"文忠"，故世称"苏文忠公"。苏轼的家庭虽不算赫赫有名，但也算是"门前万竿竹，堂上四库书"的文人之家。据苏轼之父苏洵撰写的《苏式族谱》和《族谱后录》上下篇的记载，苏洵的祖上三代一直沉埋不显，没有一个出仕做官的，但苏洵之父苏序的文学修养颇高，"读书务知大义，为诗务达其志而已，诗多至千余首"（曾巩《赠职方员外郎苏君墓志铭》）。苏序有三子二女，三子中长子名澹，次子名涣，第三个儿子就是苏洵，苏澹、苏涣"皆以文学举进士"，后来苏涣登朝做官，苏序还因此被授为大理评事，累赠尚书职方员外郎。此外，苏序还乐善好施，他常常把家里的米换成谷子，贮存在一个大粮仓中，到了荒年就开仓散谷，救济穷人，苏序的这种品质对苏轼也产生了很大影响。

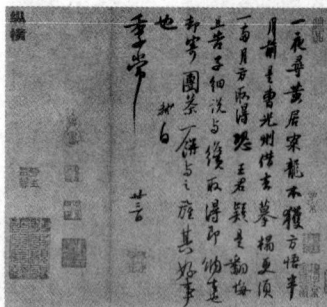

苏轼的父亲苏洵（1009—1066年），字明允，他"为人聪明，辩智过人"，少年时曾参加过几次科举考试，但屡试不中。于是"知取士之难，遂决意于功名，而自托于学术"（苏洵《上韩丞相书》）。他喜爱四处游学，结交名士高人，亲戚们都认为他不务正业，他的父亲苏序却对他很放心，总是说这

孩子将来会有出息的。苏序的期望没有落空，当苏洵有了长子苏轼和次子苏辙后，便开始闭门苦读了。欧阳修为苏洵撰写的墓志铭有语："年二十七，始大发愤，谢其素所往来少年，闭门读书，为文辞。岁余，进士再不中。又举茂材异等不中。退而叹曰：'此不足为吾学也。'"虽然科举不中，但苏洵终于"文章名震天下"，成为了一个虽晚学但很有成就的文学家。《几策》《权术》《衡论》《六经论》《史论》等著作，就是他苦读和思考的结晶。这些著作包含了他在政治、军事、外交、经济各方面的识略和才能，很有现实意义。可以说，父亲苏洵就是苏轼在政治上的启蒙老师。然而更重要的是，苏洵纵横恣肆的文风对少年苏轼的影响是难以估量的。曾巩赞誉苏洵的文章是"指事析理，引物托喻，烦能不乱，肆能不流。其雄壮俊伟，若决江河而下也；其辉光明白，若引星辰而上也"。这种赞誉并不为过。由于自己的出仕愿望未能实现，苏洵便把希望寄托在两个儿子身上，他常说："吾尝有志于斯世，今老矣，二子其当成吾志乎！"（苏辙《坟院记》）就连给自己的两个儿子起名，他也是煞费苦心。"轮、辐、盖、珍，皆有职乎车。而轼独若无所为者。虽然，去轼，则吾未见其为完车也。轼乎，吾惧汝之不外饰也！天下之车莫不由辙。而言车之功，辙不与焉。虽然，车仆马毙，而患亦不及辙。是辙者善处乎祸福之间也。辙乎，吾知免矣"。除了父亲的言传身教外，苏轼的母亲程氏也很注重对苏轼兄弟的教育。一次，她给苏轼讲《后汉书·范滂传》，她讲道："范滂，字孟博，东汉汝南征羌人，因党锢之祸为宦官所杀。他在临刑前与母亲诀别，希望母亲不要过分悲伤。范母很坚强，安慰儿子说：'既有美名，又求长寿，可兼得吗？'"苏轼听了，问母亲："如果我成了范滂，母亲会赞许我吗？"程氏回答说："你能作范滂，难道我就不能做范滂之母吗？"由此可以看出，苏轼身居高官后依旧保持着正直廉洁的品性与从小受到的良好教育是分不开的。苏轼8岁时，进入眉山天庆观中的一所乡塾拜张易简道士为师，全班一百多个学生，苏轼总是名列前茅。三年后，一位名叫刘巨的知名学者来此任教，可没过多久，这位名师就认为自己教不了苏轼了。这是因为有一次刘巨作了一首自认为很满意的诗——《鹭鸶诗》，在班上朗读，当他念到最后一句"渔人忽惊起，雪片逐风斜"时，小苏轼顺口插嘴道："渔人忽惊起，雪片落蒹葭。"老师听了颇为震惊，这么小的孩子就有此等的灵气和才华，连自己都自叹不如啊！还有一次，父亲给苏轼出了个题目让他作文，题为《夏侯太初论》。夏侯太初，名玄，三国时魏人，因反对司马氏专攻，被司马昭所杀。苏轼在文中写道："人能碎千金之璧，不能无失声于破釜，能搏猛虎，不能无变色于蜂虿。"意思是说一个人胆子再大，如果没有定力，也会被突如其来的变故吓得不知所措。小小年纪就如此睿智，这让父亲预感到这个孩子将来一定前途无量。苏辙在《初发彭城有感寄子瞻》一诗中，也有对少年苏轼的描述，"念昔各年少，松筠闭南轩。俯仰道所存"。苏轼自己也曾写诗回顾自己的学习时光，"我昔居家断还往，著述不暇窥园葵"。其中"窥园"是出自董仲舒的典故"三年不窥园"，如此刻苦用功，并不是每个人都能做到的。但苏轼并不是一个两耳不闻窗外事的书呆子，他爱好广泛，对琴棋书画都很感兴趣。

　　小苏轼就在这样丰富肥沃的文化土壤中成长起来。加上他天资颖慧，勤奋用功，一片光明的前景已在他眼前逐渐展现出来。

三、宦海沉浮

　　"学而优则仕"是中国古代大多数文人的共同追求，才华横溢的苏轼当然也不会例外。从 22 岁进士及第开始，他的命运就同"政治"二字密不可分。但令人惋惜的是，苏轼的才华和对政治的热情并没有让他的仕途一帆风顺，相反，却是连遭打击，备受迫害。经历宦海沉浮的一代文豪苏轼最终抱憾而终。

（一）才华横溢初登仕途

　　宋仁宗嘉祐元年（1056 年）三月，父亲苏洵带着已经娶妻的苏轼、苏辙兄弟北上前往当时的京城汴梁（今河南开封）参加进士考试。按照当时的规定，参加科举一般要经过三级考试：第一级称为"府试"或者"州试"，考取后还要参加由礼部主持的考试，称为"省试"。最后参加由皇帝亲自主持的"殿试"，"殿试"是当时最高一级的考试。苏轼、苏辙兄弟二人凭借满腹的才学在三级考试中都很出色。宋仁宗任命时为礼部侍郎兼翰林学士的欧阳修为主考官。欧阳修不但是文学大家，同时在政治上也是个锐意进取的改革家。他以文学家和政治家的双重眼光在这次考试中挑选人才。此次考试的题目是《刑赏忠厚之至论》，这是一篇论述国家刑罚奖赏政策的政论文。苏轼凭借自己多年的钻研积累，将自己的治国思想阐述得鞭辟入里。全文论述始终围绕着"广施恩德"和"慎用刑罚"两个中心，表达了苏轼"爱民之深，忧民之切"的仁爱之心。这篇引古喻今、说理透彻的文章连同作者都深得欧阳修的赏识，"文忠（欧阳修）惊喜，以为异人"。在给朋友梅圣俞的信中，欧阳修毫不掩饰地表达了这种赞叹："读苏轼书不觉汗出，快哉，快哉！老夫当避路，放他出一头地也。可喜，可喜！"苏轼和苏辙兄弟也给宋仁宗留下了深刻的印象。据史料记载，仁宗在殿试结束后，曾高兴地对皇后说："我今天为子孙找到了两个太平宰相。"

　　苏轼在这次考试中虽然没有成为状元，但是

他的才学却被广为传诵。正当苏轼兄弟为考场得意而兴高采烈的时候，家中却传来噩耗：他们的生母程夫人不幸病故。父子三人仓皇返回故乡奔丧。按照当时的礼节，苏轼兄弟要为亡母守孝满二十七个月方合乎礼俗。所以等到他们再次返京的时候已经是嘉祐四年（1059年）十月了。嘉祐五年（1060年）二月，苏氏兄弟到达京师。

苏氏父子三人第二次到达汴京后，礼部任命苏轼和苏辙分别为河南府福昌县（今河南宣阳县西）主簿和渑池（今属河南）主簿。主簿的工作主要是负责办理文书等事宜，但是二人都没有赴任。嘉祐六年（1061年）八月，在欧阳修的大力举荐下，兄弟二人又参加了秘阁的制科考试，苏轼参加了"贤良方正能言极谏科"的考试，作了《王者不制夷狄论》等六论，"文义粲然，时以为难"。殿试时，苏轼又凭借《御试制科策》考入第三等。这是宋代考试的最高等级。考试结束后，苏轼被任命为大理寺评事及签书凤翔府判官。大理寺评事是掌管刑狱工作的京官，签书判官是州府中掌管文书、佐助州官的官员。这是以京官的身份充任州府的签判，和前一次被授予河南福昌县主簿相比，职位有了明显的提升。对此，用苏轼自己的话说就是"忽从县佐，擢（官员的提升）与评刑"了。这是苏轼"从政"的开始。苏辙同时也被授予官职，但因侍奉父亲的缘故，暂未赴任。

凤翔在今陕西西部，距京城不是很远。苏轼在嘉祐六年（1061年）十二月到达此地，开始了其作为地方官的生涯。他是一位很有实干精神的官员，对工作尽职尽责。到任后经常到所属各县访查民情，并根据具体需要对地方政策进行了一些改革，为百姓解决了很多难题。

1. 改革"衙前之役"。"衙前"是北宋一种很苦的差役，主要工作是代替官府押送物资和保管财物，最重要的是如有损失，还要包赔。这项差役让当地很多百姓倾家荡产，甚至丢掉性命。这里举为朝廷运送竹木为例。因凤翔盛产竹子，朝廷每年都要从这一带征取大量的竹子，并命服役者编成竹筏顺水流运送进京，行程主要经过渭水和黄河，途中要经过非常危险的三门峡，朝廷要求运送的季节又多是渭水、黄河暴涨之时，这样，竹筏在运送途中多会遭到一定程度的损坏，百姓为此要倾尽家产来赔偿损失，而且还时有翻船丧命的事件发生。

当地人民为此怨声载道。为了解决这个问题，苏轼修订了衙规，改变了在水流暴涨的季节运送物资的陈规，减轻了百姓的痛苦。

2. 免除贫民积欠官府的债务。凤翔府的很多贫民因无力偿还官府的债务而被关押在监狱里。苏轼到任后经调查发现这些欠债人多是无辜的。例如，守护的竹木被水冲走了，要按律赔偿；守护的粮食和布匹，因日久而霉烂，也要赔偿。朝廷也知道这些贫民无力赔偿，于是下诏赦免。但是朝廷的诏书往往都会被不法官员扣押，然后借此机会向百姓敲诈勒索，要这些欠债人的家属拿钱来赎，否则将继续关押。对于此种情形，苏轼倍感愤慨，他说："天下之人，以为言出而莫敢违者，莫若天子之诏书也。进诏书具已许之，而三司子曹吏独不许，是犹可忍耶？"于是他做《上蔡省主论放欠书》给主管部门，要求免除百姓的一切积欠之债，让这些百姓能够"皆得归，安其藜糠，养其老幼，日晏而起，吏不至门"。

3. 为百姓祈雨。苏轼到达凤翔几个月后，在自己住所的北面空地上，修建了一个小亭子，并取名为"喜雨亭"。因为当时凤翔旱情严重，连续数月滴雨未落。太守宋选和苏轼都很焦急，于是二人沐浴更衣，亲自到太白山上求雨。事有凑巧，在他们祈雨后，凤翔果然降下大雨，缓解了旱情。苏轼非常高兴，除了将亭子命名为"喜雨亭"外，还专门作了一篇《喜雨亭记》以示纪念。这次降雨当然并非神仙显灵，但却能够从中看出苏轼对民生疾苦的关心。

此外，苏轼还主张"以官榷与民"，即将以前官卖的茶、盐、酒等和百姓密切相关的必需品"尽以予民"，解决了百姓的实际生活困难。他还极力反对土地兼并，对掠夺百姓的恶行深恶痛绝。

苏轼在凤翔共任职四年，短短的四年间，苏轼作为一个青年政治家的风采已经显露出来。他任满返回京城时已是英宗治平二年（1065 年），仁宗已经去世，在位的英宗早就赏识苏轼的才学，想提拔他为翰林，但由于受到宰相韩琦的阻挠，只获准在史馆任职。但这一任命为苏轼提供了一个广泛阅读的良机，他兴奋异常。

不久，家庭的不幸再次降临。苏轼的妻子王弗和父亲苏洵先后去世，这让苏轼痛不欲生。英宗治平四年（1067 年），苏轼亲自护送亲人灵柩回到故乡安葬，并同苏辙一起为父亲守孝。这期间，

北宋英宗皇帝于治平四年（1067 年）正月初八驾崩，太子赵顼即位，是为神宗，并于 1068 年改元为熙宁元年。

（二）乏于争斗避祸外任

宋神宗熙宁元年（1068 年）十二月，苏轼第三次辞别故乡北上，并于熙宁二年（1069 年）二月到达京都汴京。从此以后，他再也没有机会回到自己的家乡。京城中一场统治阶级内部新旧党派之间的斗争使苏轼身陷其中，从此他似不系之舟，开始了风雨飘摇的仕宦生涯。

英宗去世后，其长子赵顼继承皇位，为神宗。年富力强的皇帝很有抱负，力图改变北宋积贫积弱的现状，准备进行一场大改革。他大胆起用同样锐意进取的王安石，先后提拔其为江宁知府、翰林学士和参知政事。在皇帝的支持下，王安石开始大刀阔斧地主持变法。他首先建立了变法机构"制置三司条例司"，这是一个由皇帝特命设立的制定户部、度支、盐铁三司条例的专门机构。紧接着，他又制定并推行了一系列新法条例，主要包括有利于增加国家财政收入的市易法、青苗法、免役法、均输法和方田均税法等，还包括有利于整顿军队、增强军队实力的将兵法、减兵并营法、保甲法和保马法等。客观上说，这些新法条例如果正确执行，在一定程度上确实有助于改变北宋王朝的社会现状，但是也的确有弊端存在。新法条例推出后，引起了轩然大波，并在朝中迅速形成了以司马光为领袖的反变法派，也称保守派。保守派中有些人抵制新法推行，是因为新法触犯了他们的既得利益。而保守派中的一些老臣，如韩琦、文彦博、欧阳修等，凭借自己多年的经验，诚恳地向神宗皇帝指出了新法的一些弊端，很多意见都很有见地。两派各抒己见，互不相让。但是追求进取、行事果决的年轻皇帝和王安石却都无视这些意见。于是很多元老重臣纷纷辞去官职，告老还乡，这其中也包括司马光。

苏轼再次回到京城后，正好遇上这场变法中变法派和保守派争斗的高潮。我们知道，苏轼一直有一套成熟的政治方略，在他的很多文章和奏折中，也能看到这一点。面对北宋当时因循守旧的现状，他是希望变革的。但是对于王安石激进的变法主张，他却抱着怀疑和否定的态度。在呈交宋神宗的《议学校贡

中国古代文学巨匠

举状》《上神宗皇帝书》《再上皇帝书》中，苏轼都表达了这种态度。应该说苏轼的很多主张是有道理的，但是变法派正掌控权柄，苏轼直接针对变法派的批评态度必然遭到他们的嫉恨。于是很多人便开始编造谎言，陷害苏轼。苏轼在这种针锋相对的政治斗争中，渐渐感到势单力孤，处境危险。于是他上书朝廷，请求皇帝将自己调离京城，出任地方官职，最终得到了杭州通判的官衔。通判是北宋王朝为加强中央集权，在地方新增设的官衔，隶属于中央。一方面有协助州长官处理政务的职责，另一方面还有替中央监督地方官员的作用。自任杭州通判开始，苏轼连任四州地方官，分别是杭州、密州、徐州和湖州，时间长达八年。

神宗四年（1072年）十一月，苏轼到达杭州，任期三年。到达杭州后，优美的湖光山色暂时排解了他的忧郁。以天下为己任的他对自己的工作也尽心尽力，积极配合历任的沈立、陈襄和杨绘三位太守处理好州府的各项事务，并深入民间体察民生疾苦，为百姓解决了很多难题。督开盐河、治理蝗灾、赈济灾民，深得百姓的爱戴。这里以苏轼辅助太守陈襄疏通钱塘六井为例：杭州地近海域，本是被钱塘江潮水冲刷而形成的地域，因而水质十分苦涩，饮用淡水又很不方便。唐朝著名宰相李泌在此地做刺史时，曾为此在城内开凿了六口大井，用以引用西湖的淡水，供百姓生活取用。但因年代久远，这些井到北宋时早已淤塞。苏轼和陈襄经过实地考察，制订了切实可行的方案之后，组织大批人力，疏通了这六口井，解决了当地居民的饮水难题，方便了百姓生活。特别是第二年，江淮地区大旱，水贵如油，可杭州地区的百姓仍然可以照常饮水和洗澡。百姓们从此更加感激苏轼和陈襄了。

神宗七年（1074年）九月，在苏轼的请求下，朝廷下达了转任密州知州的诏令，苏轼于同年十一月到达密州任所，任期为两年。密州的自然环境和经济水平与杭州有很大的差距，并且多有天灾。因此苏轼在密州的生活比在杭州艰苦了很多。据说，苏轼有时竟不得不挖野菜充饥。但是苏轼并不计较这些，他一如既往地履行着一个官员的职责，为百姓造福。如组织捕蝗一事。蝗虫对农作物极具破坏力，苏轼对此深有体会，正如他在《上韩丞相论灾伤手实书》中所描写的："飞蝗自西北来，声乱浙江之涛，上

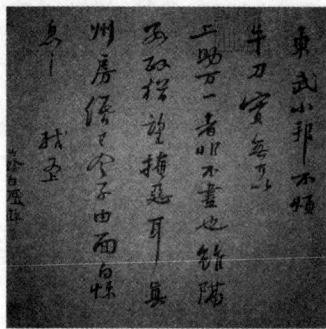

翳日月，下掩草木，遇其所落，弥望萧然。"而这样的天灾，在苏轼任期内，在密州发生了。蝗虫遍野，百姓忙于抓捕掩埋。据记载，掩埋蝗虫的土堆，竟长达二百余里，由此可见蝗灾的严重。苏轼一边向朝廷上报灾情，请求减免赋税；一边又亲自巡视灾情，并带领百姓共同捕蝗。他还为百姓争取来了赈灾的粮食，救助了无数饥寒交迫的灾民。此外，苏轼还专门设立了孤儿院，收容孤儿和弃儿。

北宋神宗九年（1076年）年末，苏轼又接到朝廷要他改任徐州的调令。他于第二年到达徐州。这次苏轼的任期又是三年。苏轼在徐州又一次要与天灾抗争，因为徐州遭遇了千年不遇的洪水泛滥。毫无抗洪经验的苏轼并没有被吓倒，他组织兵民利用有利地形，昼夜不休，抢修堤防，积极开展抗洪工作。他的"吾在是，水决不能败城"的许诺，极大地鼓舞了徐州的百姓。洪水退去后，苏轼上书，请求朝廷拨款在徐州城外修筑大坝，为以后的防洪工作打下坚实的基础。在苏轼的恳求下，朝廷下拨了一定数量的钱款和人力。苏轼据此做好预算，在徐州城的东南部修建了一道永久性的防洪木坝。同时，为了表示纪念，他还命人在东门修盖了一座一百尺高的"黄楼"。除了防洪，苏轼对当地的农业生产也很关心和重视。每逢遇到干旱，苏轼在率领百姓抗旱的同时，也总是很虔诚地为百姓祈雨。虽然这种做法带有封建迷信色彩，但苏轼为民爱民的态度却是值得敬佩的。

神宗元丰二年（1079年）三月，苏轼又接到朝廷要他调任湖州太守的诏令。通过以上论述，我们已经知道苏轼是一位勤政爱民的清官。因此，无论到哪里任职，都深得百姓爱戴。朝廷的调令一到，徐州百姓都对其依依不舍，而湖州的百姓却张灯结彩，准备迎接这位闻名已久的太守。苏轼被百姓的做法深深地感动了。可是，正当他在湖州准备实行自己的救灾计划的时候，一场灾难却悄悄降临了。这就是历史上的"乌台诗案"。在他到达这里仅三个月后，就因此案而锒铛入狱。

苏轼连任地方官的八年，可以说是他勤勤恳恳为百姓谋福利的八年。苏轼虽然反对王安石领导的新法改革，但是到达地方后，对朝廷下达的新法条例，他并没有什么过激的举措。苏轼也承认，新法的很多内容是有利于巩固国家统治的。只是在执行的过程中，有很多混入变法派的不法之徒不按规章办事，这也正是变法派过于激进的后果。而苏轼总能根据实际情况有选择地执行新法，对那些伤害百姓利益、加重百姓负担的条例，他一概坚决拒绝。

所以，虽然苏轼一直在做地方官，但他仍然是一些人的眼中钉和肉中刺，这些人对苏轼可谓"除之而后快"。

（三）乌台诗案被贬黄州

在苏轼任地方官、辗转于各个任所之际，北宋朝廷的政治斗争非常激烈。起因是王安石的变法。前文我们已经说过，王安石变法的目的实质上是富国强兵，改善北宋积贫积弱的局面。但是新法条例在推行中遭到了一些大臣的极力反对，因此形成了反变法派。因意见分歧，一些老臣纷纷隐退，王安石只好起用一些"新进勇锐之人"。此时，一批投机钻营的小人也趁机混入了变法派阵营。这些人假借变法之名，大肆打击异己，以巩固自己的地位。王安石在新旧两派的夹攻排挤下，两次罢相，并最终于熙宁九年十月退居金陵，不问政事，直至终老。变法派被小人操控，使得变法成为统治阶级内部进行的一场严肃的政治斗争，已经演变成争权夺利、互相倾轧的"党争"。面对反变法派日益强大的阵营，新派中假意支持新法而谋得高位的小人恐慌难当，他们决定出手反击。于是，直言敢谏的苏轼就成为了他们首选的打击对象。带头的是御史中丞李定、权监御史里行何正臣和舒亶等人，他们开始多方搜罗苏轼的"罪证"。而此时的苏轼是一位名副其实的实干家，他在地方上勤于政事，做出了很多成绩，深受百姓的拥戴，同时也得到神宗皇帝的多次表扬。所以，那些奸诈的小人在苏轼政绩上寻找不到任何纰漏，便在苏轼的诗文上做文章，"乌台诗案"应运而生。

"乌台诗案"之"乌台"是御史台的别称。此名来源于汉代，据说当时御史台外有一棵很大的柏树，上面栖息着很多乌鸦，所以御史台从此又被称为"乌台"。此次苏轼一案是因诗文而起，所以称"乌台诗案"。

乌台诗案的导火索是苏轼在到达湖州任所后，按例上呈给皇帝表谢恩的《湖州谢表》。在谢表中，

苏轼写了这样几句话："知其愚不适时，难以追陪新进，察其老不生事，或能牧养小民。"（《东坡集》卷二十五）"新进"和"生事"等词语刺激了一些小人。因为"新进"一词在变法期间已经成为那些毫无能力却突然升迁的人的代称。那些靠"歌颂"变法而迅速得势的人，认为苏轼在用"新进"和"生事"等词语嘲讽他们。于是，这些人开始群起而攻之，陷害苏轼。他们将苏轼的诗文收集起来，从中断章取义，罗织罪名，其焦点主要集中在苏轼肆意批评新政上。的确，苏轼有些诗句对新法是有所批评，但那是因为他深入地方，目睹了一些新法的弊端。他借诗文抒发情怀的同时，主要还是想引起当权者的注意，以便于改进政策，并没有反对朝廷之意。但是欲加之罪，何患无辞。李定等人轮番向神宗皇帝上书，弹劾苏轼。神宗皇帝在数日内连续收到了四份状纸。第一份是元丰二年的六月二十七号由何正臣上交的。他首先批评苏轼的谢表"愚弄朝廷，妄自尊大"，并且特别强调苏轼对新政的否定。他同时还上交了一本苏轼的诗集作为罪证。第二份和第三份是在七月二日由舒亶、李宜同时提交的，他们在上交苏轼更多诗文的同时，还曲解苏轼的诗文，以此来激怒神宗。七月三日，李定上交了第四份状纸，声称苏轼有四大该杀之罪。这四大罪从考取进士及第开始批判，直到苏轼在地方官任上，简直无所不包。四人在状纸中都极力建议皇帝将苏轼处以极刑，"以示天下"。神宗虽然爱惜苏轼的文才，但是在众人轮番的状告中，只好下旨将苏轼逮捕，押送回京审讯，准备治罪。元丰二年（1079年）的八月十八日，苏轼被押解到京城。

苏轼入狱后，随即被投入阴暗的牢房。之后的五个多月，李定等人对苏轼进行了百般折磨，逼迫苏轼屈认罪行，苏轼对这些小人严词讽刺，毫不妥协，已做好慷慨赴死的准备。苏轼入狱后，营救苏轼的人也很多。这其中包括曾经位居参知政事的张方平和宰相吴充等。这里还要提到两个特殊的求情之人：一个是已经退隐的王安石；另一个是神宗的祖母曹氏。王安石和苏轼之间的矛盾只是集中在政见上，在才学和为人上，王安石是很佩服苏轼的。所以在苏轼被抓之后，王安石上书皇帝说："安有圣世而杀才士乎？"神宗的祖母曹氏关于二苏"两宰相"之说，早就有所耳闻，她极力反对神宗处死苏轼。神宗也很爱惜

中国古代文学巨匠

苏轼的才气，本来就没有打算置苏轼于死地，再加之众人的求情，他于当年的十月十五日颁布了大赦天下的诏令，苏轼暂时没性命之忧。十二月二十八日，神宗做出最后的裁决：苏轼贬居黄州。其他有关官员也都不同程度地受到了牵连——苏辙因上书营救苏轼，得罪当权者，被贬到高安。与苏轼关系密切的黄庭坚和曾巩等人也都遭到贬谪。历史上著名的"乌台诗案"至此告一段落。

北宋神宗三年（1080 年）二月，苏轼在其长子苏迈的陪同下到达了黄州。黄州地处今湖北省东部的长江北岸，北宋时属于偏僻荒凉之地。苏轼的官衔是"责授检校尚书，水部员外郎，充黄州团练副使，本州安置，不得签书公事"，在名义上说，苏轼得到的是一个闲职，不能参加公事；实质上，他在某种程度上还是受到朝廷监视的，是一个特殊的"囚徒"。苏轼在黄州过着简朴的生活，还经常亲自参加劳动。虽然如此，苏轼却感到很适意，一度有在此终老的打算。因无公事缠身，苏轼经常出游，流传千古的《赤壁赋》就是他在游览赤壁后所作的。但是，百姓的疾苦并没有被苏轼忘记，在其《黄州道上遇雪》中，"伫立望原野，悲歌为黎元"，很明显地表达了这种情怀。苏轼虽然被剥夺了参加公事的权利，但他总是请求其他官员多为百姓做事。这里举一例来说明。武昌一带自然灾害不断，百姓生活贫困，但是朝廷赋税却丝毫没有减免，百姓竟然被逼迫到溺杀婴儿的程度。苏轼"闻之辛酸，为之不食"，于是写信给鄂州知州朱寿昌，请求赈济。苏轼虽然没有实权，但是他的爱民之心仍然赢得了黄州人民的爱戴。在苏轼修造房屋时，当地居民纷纷前来帮忙，用苏轼自己诗中的话说："四邻相率助举杵，人人知我囊无钱。"在黄州居住的五年间，他同当地人民建立了很深厚的感情。

（四）东山再起再遭忌恨

宋神宗一直很赏识苏轼的才华，多次想重新起用他，但都遭到一些忌恨苏轼的权臣的阻挠。元丰七年（1084 年）四月，神宗下诏说："苏轼黜居思咎，阅岁滋深。人才实难，不忍终弃。"苏轼终于被改授距离京师很近的汝州（今河南境内）任团练副使。苏轼本想上书皇帝请求继续留

在黄州，但是又恐获罪。于是，他只好带领家人奔赴汝州。元丰八年（1084年）年底，苏轼一家到达泗州时（今江苏境内），盘缠所剩无几。苏轼给神宗上书《乞常州居住表》，他说"有薄田在常州宜兴县"，所以请求皇帝允许他在就近的常州居住。宋神宗同意了苏轼的请求，当苏轼到达南都（今河南商丘）时，皇帝批复的圣旨到达，于是他再一次从南都携家眷返回常州。第二年五月，苏轼刚到常州，朝廷的圣旨紧接着也到达了，任命苏轼为登州知州。

苏轼境遇的暂时好转是因为北宋政局又发生了变化。北宋神宗元丰八年（1085年）三月，在位十八年的宋神宗病逝，年仅10岁的皇太子赵煦继承皇位，是为宋哲宗，并于第二年改元为元祐。因新皇帝幼小无知，无法处理政事，朝政由神宗之母高太后掌握，实际上就是垂帘听政。高太后向来是反对王安石变法的，她听政后开始着手推翻新法，朝政因此大变，史书上称为"元祐更化"。一批因反对新法被降职或自请退隐的老臣纷纷被起用，司马光被任命为宰相，这其中也包括苏轼被任命为登州知州。之后，司马光再次向朝廷推荐苏轼和苏辙，希望朝廷能量才录用。所以，苏轼在到达登州的第五天，就又被召回京城任礼部郎中，不久又任起居舍人。三个月后，又进一步被提升为中书舍人。起居舍人已经是皇帝近臣，中书舍人的地位在起居舍人之上，已经能够参与国家机密了。苏轼对连番的提拔并没有感到很兴奋，而是上书请辞，他说："臣顷（前不久）自贬所，起知登州；到州五日，而召以省郎；到省半月，而擢为右史（起居舍人）。……出入禁闼，三月有余，考论事功，一毫无取。今又冒荣直授，蹴众骤迁。非次之升，既难以处；不试而用，尤非所安。"苏轼的请求不但没有被批准，而且在司马光死后不久又被升为翰林学士，可以说已成为位高权重之人。这段时间是苏轼仕途升迁的高峰。

刚直不阿的苏轼似乎总是不合时宜。王安石主持新法时，他被视为保守派，因此遭受各种打击和迫害。"元祐更化"之后，他又和当政者产生了分歧。以司马光为首的保守派不分青红皂白全面废除新法，这种盲目的做法又引起了一些官员的反对，这其中就包括苏轼。其实，苏轼兄弟一直很敬重司马光的正直为人，但是并未因此在政见上对司马光曲意逢迎。在很多问题上他都敢于和司马光据理力争。例如在役法问题上，司马光主张废除免役法。免役法其实比较合理地减轻了百姓的一部分压力，刺激了百姓发展生产的积极性。对这项行之有效的政策，司马光却要代之以差役法，苏轼与之当堂辩论，固执的司马光被苏轼称为"司马牛"。苏轼就这样招致了保守派的不满。元祐元年（1086年）九月初一，忠心耿耿、以天下事为己任的司马光病逝。之后，苏轼和著名的理学家程颐之间的矛盾进一步激化。因为程颢、程颐兄弟是洛阳人，苏轼、苏辙兄弟是四川人，所以他们之间的斗争在历史上称为"洛蜀之争"。"洛蜀之争"持续了很长时间，很多不满苏轼的人趁机挑起事端，攻击陷害苏轼。

苏轼主动请求出任地方官，终于获准以龙图阁学士出任杭州知州。元祐四年（1089年），苏轼回到了阔别已久的杭州。从他第一次任杭州通判到现在，已经十五六个年头过去了。此时的苏轼依然保持着他一贯的为官风格，非常体恤人民，努力帮助百姓抗灾、减税、解决难题。他此次刚上任就遭遇水灾，导致早稻无法播种。水灾过去后又遇上旱灾，晚稻收成无望，百姓温饱已经成了大问题，用苏轼的话说："民之艰食，无甚今岁。"苏轼马上接连上书朝廷减价出售常平米，以帮助灾民度过饥馑之年。水旱灾害过后，瘟疫又流行，苏轼连续奔走筹款，还拿出自己积攒的俸禄五十金，在杭州创立安乐病坊（相当于现在的医院），救治了千余人。他的政绩还表现在对杭州西湖的治理上。杭州西湖因久未疏浚，淤塞非常严重，苏轼在一首诗中曾说到"葑合平湖久芜漫，人经丰岁尚凋疏"。西湖的淤塞，一方面影响人们观赏优美的湖光山色；另一方面，也是更主要的，即失去了西湖对民生的利处。西湖上接运河，下临民田，有灌溉之利。于是苏轼上书朝廷请求疏浚西湖，他在《乞开西湖状》中说，"杭州之有西湖，如人之有眉目""使杭无西湖，如人去其眉目，岂复为人乎"，如果再不治理"更二十年，无西湖矣"。朝廷批准了苏轼的请求，他经实地调查，制订了科学合理的治湖计划，先疏通湖底，再将葑泥堆积在里湖和外湖之间，并利用其筑起一道长堤，这样既避免了来回运送淤泥，筑起的长堤又利于交通。据说筑新堤时，苏轼每天都会到堤上巡视，如果遇上自己的饭菜未送到，他就和民工一同进食。所以，大家都说苏知州很有亲和力，没有官架子。新堤建好以后，人们在堤坝上种植了杨柳、芙蓉

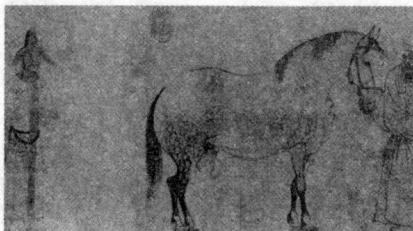

等花木，给西湖增添了不少韵味。西湖的疏浚成功，保证了水资源的有效利用。元祐六年（1091年）继任知州林希在堤上立"苏公碑"，后人因此把长堤称为"苏堤"。"苏堤春晓"至今仍然是杭州的名胜之一，闻名中外。这里还有一个关于苏轼的小故事。据说在疏浚西湖的时候，百姓曾抬猪担酒来给他拜年，苏轼收下了猪肉，叫人切成方块，烧得红酥香嫩后，送给治湖的民工吃，于是大家都戏称这些猪肉为"东坡肉"。直到现在，"东坡肉"依然是一道名菜。苏轼这次在杭州任职的三年间，赢得了百姓的敬重，很有口碑。《宋史·苏轼传》中记载，杭州人民"家有画像，饮食必祝，又作生祠以报"。另外在杭州还建有苏文忠公祠专门祭祀苏轼。西湖孤山麓的四贤祠祭祀的"四贤"中也包括苏轼。

元祐六年（1091年）苏轼奉朝廷诏令回京城再一次担任翰林学士。久经政治考验的苏轼并没有为此沾沾自喜，他担心新一轮的陷害会再次来到。所以他主动上书请辞，但是没有获准。果然不出苏轼所料，有人诬陷他为杭州灾民请求赈济是欺骗朝廷，还有人说苏轼为神宗之死而雀跃，曾写诗庆贺。无论是当年新党小人的陷害，还是如今旧党分子的诬陷，手段都极其相似。虽然最终苏轼并未获罪，但是他厌倦了这种尔虞我诈的日子，再次请求外调。元祐六年（1091年）八月，回朝两个月后，苏轼又自请外调出任颍州（今安徽阜阳）知州。元祐七年（1092年）二月，苏轼又改任扬州知州。半年后，苏轼又奉命回朝，担任兵部尚书，兼为皇帝侍读。之后，又改为礼部尚书。作为皇帝侍读的苏轼，与哲宗皇帝相处得却不融洽，年龄渐长的皇帝，不愿听从苏轼的劝谏。苏轼是高太后器重的人，而哲宗正因高太后长期执政，内心愤愤不平。帝党与后党之间的矛盾逐渐尖锐。苏轼不愿再介入争权是非，上书恳请让自己去守"重难边郡"。这期间，又有一场巨大的不幸降临到苏轼头上——苏轼的第二任妻子王闰之去世了。

元祐八年（1093年）九月十三日，苏轼任命为定州（今河北定县）知州。这是带有贬谪性质的任命。从此以后，连续的贬谪降临到苏轼的头上，他离自己的家乡越来越远了。

　　苏轼在接到担任定州知州的诏令后，就已经预感到未来的艰险。因为长期执掌实权的太皇太后高氏于元祐八年（1093年）九月初三去世，亲政的哲宗因不满祖母高氏的长期执政，所以从亲政开始，就倾向新党，大批反对变法的保守派官员都受到排挤，有的被贬谪，有的被罢免。苏轼虽然和司马光有分歧，但他毕竟反对变法，仍然属于旧党。高氏去世十天后，苏轼就接到了担任定州知州的命令。当年的十月，苏轼到达定州。

　　苏轼赴定州上任不久，在王安石主持变法时，因投机新法而受重用的章惇和吕惠卿重新被起用，朝廷任命章惇为资政殿学士，任命吕惠卿为中大夫。

　　定州属于古代中山国，是北邻契丹的军事重镇，但是边备十分松弛，用苏轼的话说就是"承平百年烽燧冷"，一个"冷"字生动地揭示了边防松弛的情景。苏轼下决心，要从根本上改变这种状况，于是他采取了一系列措施。首先从整顿军纪开始。定州军纪松弛，秩序混乱，盗窃成风。例如有人在两年间持杖入库，盗卖公家杂物八百余件，价值二百多两银子，相关官员知晓情况后，却不闻不问。还有明出告示，召集军士和百姓聚众赌博的。在这种情况下，军队的士兵纷纷逃亡，有的竟然聚为"盗贼"。苏轼经过细致调查后发现，这里的禁军大都很贫困，士兵赤身露体，饥寒交迫。士兵住的营房也大量塌坏，根本无法遮蔽风雨。而禁军的贫困，又源于各级不法官吏贪污成风。针对这种情况，苏轼一方面严厉惩处不法官员，另一方面积极改善禁军的生活条件，派人大力修缮禁军的营房，苏轼认为，"岂可身居大厦，而使士卒终年处于破屋之中，上漏下湿，不安其家？"（《乞降度牒修定州禁军营房状》）整顿军纪的同时，苏轼还着手增修弓箭社，壮大民兵队伍的力量。他认为保境安民的任务，不能都依赖政府军。宋代自"澶渊之盟"订立以来，百姓为了抵御边患和盗贼，自己组织了弓箭社，不论贫富贵贱，每户选一人，弓箭社一般都是"带弓而锄，佩剑而樵"，生产、守边两不误。每当军情紧急，便击鼓集合，一会儿就可以召集到千余人，弓箭社的力量在一定程度上威慑了敌人。苏轼

认为应该扩大弓箭社的力量，他计划整编一支三万人的民兵武装，在物质上给予优待，使其更好地配合官军的边防工作，增强边防力量。他在《乞增修弓箭社条约状》中说："弓箭社为边防要用，其势决不可废。"

正当苏轼为巩固北宋王朝的边防而大费脑筋时，他曾经的学生宋哲宗却以"讥斥先朝"的罪名把他贬到了偏远的英州。哲宗绍圣元年（1094年）四月，苏轼南迁。苏轼在奔赴英州的途中，就担心会有"后命"，他在《与子孙发书》中说："言者尚纷纷，英州之命，未保无改。"事实果然如此，他还未到英州，就又被贬为远宁节度副使（宋代，节度使是无权的虚衔），惠州安置。原来，哲宗亲政以后，任用章惇为相，依附章惇的虞策、来之邵都是坚决反对旧党的人物，对苏轼兄弟恨之入骨。所以苏轼还未到达英州，虞策认为"罪罚未当"，又降为正六品下的"充左承议郎"，再贬为建昌（今江西南城）军司马，惠州（广东惠阳）安置。苏轼只好把家小安置在阳羡（今江苏宜兴），独自与幼子苏过等人南下惠州。苏轼贬官惠州，一住又是几年，他深感"中原北望无归日"，就开始做长远打算。短短数月中，一贬再贬，政敌们试图将苏轼置之死地。此时的苏轼已经是年近六十的老翁，千里奔波，对其精神和身体都是很严重的伤害。即使这样，苏轼在惠州仍然非常关心老百姓的疾苦，他运用自己多年的经验和所积累的知识，着重改善当地居民的生活条件。广州百姓因多食用咸水，人们经常患有疫病。于是苏轼就向知州王敏仲建议，从二十里外的蒲涧山用竹筒将水引入城中。他还考虑到因路远日久，竹筒可能堵塞，便提议在每节竹筒上钻一小眼，"以验通塞"。惠州博罗香积寺溪水湍急，苏轼提出在这里设碓磨，用来磨粉舂米，减轻农民负担。他还多方研制医药，救死扶伤，深得当地百姓的敬重。

苏轼62岁时又被贬到儋州。这次被贬的原因据说也是因为诗文。宋代的儋州，相当落后荒凉。苏轼在自己的文章中详细描绘了这里的生活状况："食无肉，病无药，居无室，出无友，冬无炭，夏无泉"，总之，这里几乎赤地一片，而且此地常年炎热潮湿。年过六旬的苏轼身体上遭受了巨大的痛苦，和三子苏过在这荒岛上过的生活可以用"苦行僧"来形容。元符三年（1100年），年仅17岁的哲宗病死，因无后代，由弟弟赵佶即位，是为宋徽宗，政局再一次发生变化。新皇帝宽赦了元祐旧臣，让贬谪在外的人逐渐内迁。这一年五月，苏轼奉命内迁濂州。他挥泪告别海南人民，七年的流放生涯让他百感交集。66岁的老人，居然没有被政敌折磨而死在岭南，还获得了北归的机会。这年的八月，苏轼又被改为舒州团练副使，永州安置。他再也不愿意卷入朝廷的政治斗争，只想挑一个清净的地方安度余生。本来，他打算和弟弟苏辙一起住在颍昌（今河南许昌），但是得知朝廷又开始排斥元祐旧党，便打定主意，留居常州。但是，多年的贬官、流放，恶劣的生活环境以及旅途的辛劳，使苏轼再也无法支撑下去。建中靖国元年（1101年）七月二十八日，一代文豪苏轼病逝于常州。他留下的最后一句话是"吾生不恶，死必不坠"。他死后，"吴越之民，相哭于市"，太学生还举行了仪式来缅怀他。

苏轼的一生，在政治上历经艰难坎坷，备受政敌的折磨。但是他始终热爱人民，始终尽力为人民谋福利，并取得了很大的成效。虽然后人更多是因为他巨大的文学成就而将他铭记于心，然而，苏轼在政治上以天下为己任，兢兢业业为民谋福利的精神也同样值得我们敬重。

四、文学巨匠

　　曾有学者说，苏轼是一位莎士比亚式的文学家、艺术家。作为宋代最伟大的文人之一，他以多才多艺、全面发展、富有独创精神及在文学艺术多个领域都卓有建树而闻名于世，尤其是在散文、诗、词各方面都有极高的成就。"苏东坡"这个名字早就远播四方，妇孺皆知。以词来看，他是"豪放词"的开山始祖，与辛弃疾并称为"苏辛"，词作多达三百四五十首，突破了之前词作多表现相思离别、男欢女爱的藩篱，反映社会现实生活，抒写报国爱民的情怀，可谓是"无意不可入，无事不可言"。词风大多雄健激昂，顿挫排宕，语言和音律上也都有创新，表现出多样化的艺术风格。诗歌方面，他是北宋诗坛的领军人物，与唐代的李白、杜甫、韩愈一起并称为"李、杜、韩、苏"，创作的诗歌作品有两千七百余首，题材丰富多样，写物传神，奔放灵动，触处生春，极富情韵，成一代之大观。散文方面，他是中国古代著名的"唐宋八大家"之一，与父亲苏洵、弟弟苏辙并称"三苏"，在八大家之中占有极其重要的地位，他的散文有的谈史议政，气势磅礴，善于腾挪变化；有的叙事记游，充满诗情画意，深含理趣。他还是一位著名的文艺评论家，在散文、诗词、音乐、绘画、书法等领域都有自己独特的见解，论点精辟，不拘一格，给当时及后人以深刻的影响。苏轼的一生，对中国和世界的文学艺术创作，都作出了不可磨灭的贡献。

（一）豪放词祖

　　在北宋词坛上，苏轼取得了雄视百代的成就，世人对其词的评价颇高，《苕溪渔隐丛话》中胡仔云："东坡词皆绝去笔墨畦径间，直造古人不到处，真可诗人一唱而三叹。"胡寅在《酒边词序》中说："眉山苏轼，一洗绮罗香泽之态，摆脱绸缪宛转之度，使人登高望远，举首高歌，而逸怀浩气，超乎尘垢之外，于是'花间'为皂隶，而耆卿为舆台矣。"王灼说："长短句虽志本朝而盛，然前人自立与真情衰矣。东坡先生非心醉于音律者，偶尔作歌，指出向上一路，新天下耳目，弄笔者始知自振。"（《碧鸡漫志》）这些评价是很中肯的。

词是诗歌的变体，它是音乐的产物，反过来又促进音乐的发展。在苏东坡之前，浪漫主义词人柳永的词基本属于"花间派"范畴，多描写穷愁离恨、怨思闺情。范仲淹也写过反映边塞风光的词，唱出了慷慨悲凉的歌声，但在当时并没有形成词的正统。"苏词"则一反婉约派的脉脉柔情，彻底改变了一直以来"诗庄词媚"的说法，或慷慨激昂、或纵横奔放、或雄伟苍劲，确立了豪放词的地位，引起词的方向性转变与创作的新高潮，在词的领域实现了一场自觉而巨大的革新，将豪放派提升到与婉约派同等的地位。但是，豪放虽然是苏轼词作的主要风格，他同时也兼收了婉约派的长处，写了一些缠绵深情的作品，如悼念亡妻的词作《江城子》，如今读来，仍令人感动得泪如雨下。另外，苏词最大的一个特色就是"以诗为词"，就本质来说，这既不是李清照所讥责的"皆句读不葺之句"，也非后来贺铸、周邦彦乃至南宋诸家化用诗句入词的创作手法，而是将诗的精神注入到词的创作中，从而使词品、词境从恻艳、偏狎提高到堪与诗歌比肩的高度。

与诗、文相比较，苏轼开始倚声填词的时间较晚，纵观苏词，其思想内容非常广泛，题材也异常广阔，大致可分为四类：政治咏怀词、乡村风貌词、诚挚友情词和婉约爱情词。

政治咏怀词：苏东坡的政治咏怀诗，是他词作的重要组成部分。这类词主要有四方面内容。一类是通过雄健的笔墨来塑造英气勃勃的英雄人物，抒发了自己积极报国、要求建功立业的壮志豪情。如《江城子·密州出猎》：

老夫聊发少年狂。左牵黄，右擎苍，锦帽貂裘，千骑卷平冈。为报倾城随太守，亲射虎，看孙郎。

酒酣胸胆尚开张。鬓微霜，又何妨！持节云中，何日遣冯唐？会挽雕弓如满月，西北望，射天狼。

这首词作于熙宁八年（1075年）冬，是公认的苏轼的第一首豪放词。苏轼自己对这首痛快淋漓之作颇为得意，在给

文坛全才——苏轼

友人的信中曾写道："近却颇作小词，虽无柳七郎风味，亦自是一家。数日前，猎于郊外，所获颇多，作得一阕，令东州壮士抵掌顿足而歌之，吹笛击鼓以为节，颇壮观也。"这首词在当时的词坛独树一帜，具有积极的创新精神。首先，苏轼用词来写习武打猎，借以抒发关心边防的热忱，进一步发展了范仲淹悲壮苍凉的边塞词的精神；其次，词中塑造了一个激昂慷慨，一心驰骋疆场的志士形象，这个形象的出现，在词史上还是首例；最后，苏轼一反"诗庄词媚"的传统观念，"一洗绮罗香泽之态，摆脱绸缪宛转之度"，形成一种粗犷豪迈的风格，与当时笼罩词坛的柳永词的词风形成鲜明的对照，拓宽了词的境界，树起了词风词格的新旗帜。

《念奴娇·赤壁怀古》也是这一类中的佳作：

大江东去，浪淘尽、千古风流人物。故垒西边，人道是、三国周郎赤壁。乱石穿空，惊涛拍岸，卷起千堆雪。江山如画，一时多少豪杰！

遥想公瑾当年，小乔初嫁了，雄姿英发，羽扇纶巾，谈笑间、樯橹灰飞烟灭。故国神游，多情应笑我，早生华发。人生如梦，一尊还酹江月。

这首被誉为"千古绝唱"的名作，写于神宗元丰五年（1082年）七月，是苏轼贬居黄州游黄风城外的赤壁矶时所作。这首词可算是宋词中流传最广、影响最大的作品，它彻底确立了豪放派在我国词史上的地位，并说明了"苏词"的高度成熟，它对于一度盛行缠绵悱恻之风的北宋词坛，具有振聋发聩的作用，可以说是苏轼个人创作上的，同时也是中国词史上的一个里程碑。此词上阕咏赤壁，下阕怀周瑜，以自身感慨作结。"大江东去，浪淘尽、千古风流人物"，起笔便气势恢弘，时越古今，地跨万里，把倾注不尽的大江与名高累世的历史人物联系起来，设置了一个极为广阔而悠久的空间与时间背景。"乱""穿""惊""拍""卷"等词语的运用，精妙独到地勾画了古战场的险要形势，写出了它的雄奇壮丽景象，从而为下阕追怀赤壁大战中的英雄人物渲染了环境气氛。对于周瑜，苏轼特别欣赏他少年功名，英气勃勃。"小乔初嫁"一句看似闲笔，况且小乔初嫁周瑜时是在建安三年，远在赤壁之战前十年。看似无意的一笔实质上却含义深刻，是为了突显出周瑜的少年才俊，志满意得。词也因此豪放而不失风情，刚中有柔，与篇首"风流人物"相呼应。"羽扇纶巾"三句写周瑜战功赫赫，他身为主将却并没有置身沙场，兵戎相见，而是着便服摇羽扇，谈笑风生。这样的潇洒从容、指挥若定不是一般人所能拥有的。写战争一点不渲染士马金鼓的战争气氛，只着笔于周瑜的从容潇洒，指挥若定，而苏轼这一年已经47岁了，不但功业未成，反而戴罪黄州，同30岁左右就功成名就的周瑜相比，壮志未酬的自己不禁深感惭愧，仰天自叹"人间如梦"。这首怀古词虽然下阕有些许感伤的色彩，但依然不能掩盖全词奋进和豪迈的气派。

第二类是作者直抒胸臆，表现自己慷慨峥嵘政治情怀的词作，代表作品是《沁园春·赴密州，早行，马上寄子由》：

孤馆灯青，野店鸡号，旅枕梦残。渐月华收练，晨霜耿耿，云山摘锦，朝露溥溥。世路无穷，劳生有限。似此区区长鲜欢。微吟罢，凭征鞍无语，往事千端。

当时共客长安，似二陆初来俱少年。有笔头千字，胸中万卷，致君尧舜，此事何难？用舍由时，行藏在我，袖手何妨闲处看？身长健，但优游卒岁，且斗樽前。

这首词是苏轼于熙宁七年（1074年）七月在由杭州移守密州的早行途中寄给其弟苏辙的作品。词中由景入情，由今忆昔，除了开头几句形象描述之外，其余大多是议论，是一篇直抒胸臆的言志抒情之作，表达了作者人生遭遇的不幸和壮志难酬的苦闷。头几句写景，以"孤""青""野""残"等字眼传神地渲染出早行途中孤寂、凄清的环境和心境。下阕着重议论和抒怀，遣词命意无拘无束，经史子集信手拈来，汪洋恣肆，显示出作者横放杰出的才华。整首词脉络清晰，层次井然，回环往复，波澜起伏，构成一个统一、和谐的整体。全词集写景、抒情、议论为一体，融诗、文、经、史于一炉，体现了卓绝的才情。

第三类是词人抒写自己抱负无法施展，政治上遭贬斥后愤懑抑郁的心情。这类词数量很多，艺术性较高，感情多沉郁顿挫，悲愤激昂。如《卜算子》：

缺月挂疏桐，漏断人初静。谁见幽人独往来，缥缈孤鸿影。

惊起却回头，有恨无人省。拣尽寒枝不肯栖，寂寞沙洲冷。

这首词是元丰五年（1082年）十二月苏轼初贬黄州寓居定慧院时所作。词中借月夜孤鸿这一形象托物寓怀，倾诉了自己的处境和无人理解自己的苦衷，充分体现了作者内心的苦闷彷徨和不肯随人俯仰的政治态度。全词简约凝练，空灵流走，含蓄蕴藉，寄意深远。黄庭坚评价说："语意高妙，似非吃烟火食人语，非胸中有万卷书，笔下无一点尘俗气，孰能至此！"

《醉落魄·离京口作》

轻云微月，二更酒醒船初发。孤城回望苍烟合。记得歌时，不记归时节。

巾偏扇坠藤床滑，觉来幽梦无人说。此生飘荡何时歇？家在西南，常作东南别。

这首词作于熙宁六年（1073年）冬，此时苏轼39岁，任杭州通判。由于公务，作者经常往返于京口、富阳、常州等地，风尘仆仆，筋疲力尽，心情抑郁。这首词是写他离开京口时，在舟中酒醒后对自己这种辛劳飘荡生活感到无奈与不满，以及对家乡的思念。整首词语言平易质朴而又清新自然，笔调含蓄蕴藉而又飞扬灵动，感伤之情寓于叙事之中，将醉酒醒后思乡的心境表现得委婉动人，使人领略到作者高超的艺术表现技巧。

属于这一类的词作还有《满庭芳》（归去来兮）、《蝶恋花·京口得乡书》《念奴娇》（凭高跳远）、《水龙吟》（似花还似非花）、《满江红》（江汉西来）等。

第四类是词人在面对遭贬谪、尽失意的痛苦与无奈时转而"归诚佛僧"，在佛老思想中寻求宽慰，在逆境中依然怡然自得、安贫乐道的作品。代表作为《答李琮书》、《望江南》（春未老）、《浣溪沙》（山下兰芽短浸溪）、《定风波》（莫听穿林打叶声）等，这类作品清新旷达，表现了词人无往而不乐，"浩然天地间，惟我独也正"的旷达乐观的胸襟。如《定风波》：

三月七日沙湖道中遇雨。雨具先去，同行皆狼狈，余独不觉。已而遂晴，故作此。

莫听穿林打叶声，何妨吟啸且徐行。竹杖芒鞋轻胜马，谁怕，一蓑烟雨任平生。

料峭春风吹酒醒，微冷，山头斜照却相迎。回首向来萧瑟处，归去，也无风雨也无晴。

人生不经几番风雨，便难彻悟。宋神宗元丰三年（1080 年），苏轼因"乌台诗案"被贬黄州。这次磨难几乎要了他的性命，劫后余生的苏东坡对仕途早已厌倦，对人生更是大彻大悟。从刚被贬谪时作者"长恨此身非我有，何时忘却营营"到三年后作此词时"归去，也无风雨也无晴"的平和心境，乡间景色的清新与乡野村夫的质朴已经使词人超脱出了名利场上的悲欢离合。值得一提的是，词人巧用双关，以"晴"谐音"情"，巧妙地将自然之景和心中之情结合起来，了无痕迹，有效地传达出词人内心的平静与淡泊。纵观全词，一种醒醉全无、无喜无悲、胜败两忘的人生哲学和处世态度呈现在读者面前。读罢全词，人生的沉浮、情感的忧乐，自会有一番全新的体悟。

苏轼关于农村题材的词作大约有三十五首，唐圭章、潘君昭在《论苏轼词》中说："在苏轼以前，还没有文人采用过这类题材。苏轼能把他的创作视野扩展到农村方面，是与他的生活经历和思想倾向有密切关系……虽然不脱地方官的口吻，但它们毕竟是文人词中开倡风气的篇章。"叶柏村在《论苏轼对词境的扩大和提高》中认为，"在词中表现普普通通的劳动人民，展示平平常常的农村生活画面，也是从苏轼开始的"。苏轼在词的发展史上，的确是"开倡风气"的领导者，他的农村词富有生活气息，塑造的村夫、村妇形象鲜明，对农村风光的描绘细致清丽，词人还在作品中表达了自己对人民疾苦的关怀和自己向往村居、终老田园的愿望。这类作品中比较有代表性的是《浣溪沙·徐门石谭谢雨，道上作五首》、《哨遍》（为米折腰）、《江城子》（梦中了了醉中醒）等，可以说，苏轼的农村词对北宋词风与题材的拓展起了不可忽视的作用。下面以《浣溪沙》五首中的一首为例来体会苏轼农村词的风格。

麻叶层层苘，谁家煮茧一村香。隔篱娇语络丝娘。

垂白杖藜抬醉眼，捋青捣䴬 软饥肠。问言豆叶几时黄。

这首词以清新自然的笔调，描写了农村在夏日久旱无雨，终于一场大雨过后乡间一片生机勃勃的景象，全词层层递进，上阕塑造了"娇语络丝娘"的可爱，下阕塑造了一个盼秋收的老叟形象，这两个人物的身上都寄托了词人对农事的关心和对农民纯真、诚挚的感情。

诚挚友情词：苏轼一生虽然大起大落，但性格直

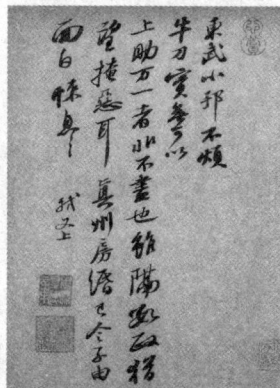

率、心胸坦荡的他交友广泛，不管是身居高位还是遭贬流放，他都能与朋友肝胆相照，处处为朋友着想。因此，苏轼以友情为内容的词占了《东坡乐府》近五分之一的篇幅，约有七十首左右，这类词感情真挚，歌咏了朋友之间纯真的友谊、对远方朋友的思念，以及手足情谊，艺术特色鲜明，对词境的开拓有积极意义。代表作有《永遇乐》（长忆别时）、《青玉案》（三年枕上吴中路）、《昭君怨》、《醉落魄》（分携如昨）、《水调歌头》（明月几时有）等，其中最著名的是《水调歌头》：

丙辰中秋欢饮达旦，大醉，作此篇，兼怀子由

明月几时有？把酒问青天。不知天上宫阙，今夕是何年？我欲乘风归去，又恐琼楼玉宇，高处不胜寒。起舞弄清影，何似在人间？

转朱阁，低绮户，照无眠。不应有恨，何事长向别时圆？人有悲欢离合，月有阴晴圆缺，此事古难全。但愿人长久，千里共婵娟。

这首词是宋神宗熙宁九年中秋作者于密州所作。这一时期，苏轼因与当权的王安石等人政见不同，自求外放，辗转在各地为官。作者在密州时，正值中秋，家家团圆，唯有自己形单影只，与弟弟苏辙分别也已整整七年了。也是词人面对着天上的圆月，思念之情满溢，于是乘酒兴正酣时挥笔写下了这首名篇。全词情感放纵奔腾，跌宕有致，结构严谨，脉络分明，情景交融，紧紧围绕"月"字展开，在天上与人间来回驰骋，将广阔的背景与词人超越一己之喜乐哀愁的豁达胸襟、乐观情调相结合，既有理性，又有情趣，显示了词人高超的语言能力及浪漫洒脱超逸的词风。这首《水调歌头》历来都受到人们的推崇。胡仔在《苕溪渔隐丛话》说："中秋词，自东坡《水调歌头》一出，余词尽废。"

婉约爱情词：描写爱情是晚唐以来最流行的诗词题材。从温庭筠到柳永，词家在抒写男欢女爱时多寄情声色，"好为淫冶讴歌之曲"，苏轼虽然也写爱情，但是他的词却是婉约中含豪放，柔中有刚，正如陆侃如、冯沅君在《中国诗史》中所说的："所谓苏词不喜写男女艳情者，是就我们分析苏词的内容的结果而言。我们分析苏词时，深深觉得，在苏词中为朋友作的最多，为女人作的最少；他不独不常为女人作词，即为女人作词，也多不涉狎亵。"意思就是说苏轼的爱情词不像柳永等词那样放浪、庸俗，更多的是运用白描手法，笔调活

泼、纯朴、真挚、情深意远。清人陈廷焯的评价再贴切不过："东坡之词，纯以情胜，情之至者词亦至，只是情得其正，不似耆卿之嗯嗯私情耳。"其实，柳永与苏轼作为词人中的佼佼者，作品都属上乘，只是风格不同而已。苏轼的婉约爱情词代表作品为《菩萨蛮》（玉环坠耳黄金饰）、《蝶恋花》（花褪残红青杏小）、《西江月·梅花》、《南歌子》（云鬟裁新绿）等，其中流传最广的是他悼念亡妻的词——《江城子》：

十年生死两茫茫，不思量，自难忘。千里孤坟，无处话凄凉。纵使相逢应不识，尘满面，鬓如霜。

夜来幽梦忽还乡，小轩窗，正梳妆。相顾无言，惟有泪千行。料得年年肠断处，明月夜，短松冈。

这首词写于熙宁八年作者在密州任知州时，他的妻子王弗亡于宋英宗治平二年（1065年），距此时已经整整十年。所谓日有所思，夜有所梦，作者之所以能进入"幽梦"之乡，完全是对亡妻朝思暮念、长期不能忘怀所导致的必然结果。作者从漫长的时间与广阔的空间之中来驰骋自己的想象，紧紧围绕"思量""难忘"四字展开描写，一气呵成，又不失曲折跌宕，波澜起伏。上片八句写梦前的忆念及感情上的起伏，下片前五句写梦中的悲喜，末三句叙述梦醒后的感慨。语言朴素自然，毫无雕琢的痕迹，句句真挚，字字沉厚。全词境界开阔，感情纯真，品格高尚，读来令人耳目一新。用词来悼亡，可以说是苏轼的首创，在扩大词的题材，丰富词的表现力等方面，本篇均有不可忽视的地位。

（二）诗界奇才

北宋的诗歌革新运动，从王禹偁等人就已开始，矛头直指脱离社会现实生活的形式主义。到欧阳修、梅圣俞、苏舜钦等人，诗歌题材进一步拓展，但是就诗歌的艺术风格来说，宋诗无法企及唐诗的高度。直到"苏诗"出现，宋诗才别开生面，以一个"新"字独树一帜，即用新题材、新色彩、新手法将宋诗提升到了与唐诗各有优长的地位。苏轼一生作诗两千七百余首，内容极为丰富，广泛地反映了他那个时代的社

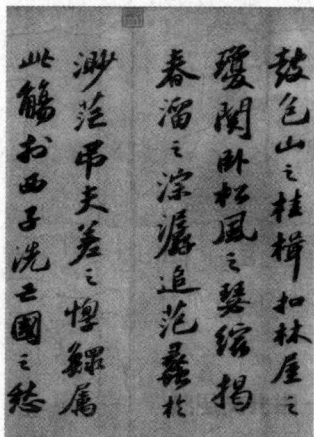

会生活，"苏诗"打破了固步自封的局面、不满足于唐诗所拥有的题材和意境，而力求创新，体现了作者独持的个性和人格。

宋人王十朋《东坡先生诗集注》将苏诗划分为七十多种，过于繁琐的分类其实大可不必，这里按照内容将苏诗大致分为三类，分别为反映现实、关心民生疾苦类；绘景描物、抒发个人情怀类以及题咏书画作品类。

第一类是反映现实、关心民生疾苦的诗作。宋代的阶级矛盾颇为尖锐，内忧外患使得农民负担沉重。在苏轼的一生中，关心民生疾苦这一点可以说是一以贯之的。无论他是得意还是失意，身处顺境还是逆境。即使是在他晚年被一贬再贬，命运多舛之时，依然不改忧国忧民的本性。人民的疾苦他看在眼里，记在诗中。这类诗作中，比较著名的是熙宁五年（1072 年）作于湖州《吴中田妇叹》：

今年粳稻熟苦迟，庶见霜风来几时。
霜风来时雨如泻，杷头出菌镰生衣。
眼枯泪尽雨不尽，忍见黄穗卧青泥！
茆苫一月垄上宿，天晴获稻随车归。
汗流肩赪载入市，价贱乞与如糠粞。
卖牛纳税拆屋炊，虑浅不及明年饥。
官今要钱不要米，西北万里招羌儿。
龚黄满朝人更苦，不如却作河伯妇！

在这首诗中，作者借一个普通农妇之口述说了江浙一带农民凄苦的生活境遇。在天灾人祸的双重压迫下，可怜的农妇只得卖牛来缴税，拆房来生火煮饭，此情此景，怎能不令人心生悲凉？诗的结尾，作者直抒胸臆，沉痛的反映了封建压迫下的贫苦农民痛不欲生的心声："不如却作河伯妇！"形象生动，感情真挚，作者以农妇的口吻声声控诉，读来如见其人，如闻其声，与诗作产生强烈的共鸣。

此类作品比较有名的还有《鱼蛮子》《许州西湖》《山村五绝》《鸦种麦行》《雨中游天竺灵感观音寺》等。

第二类是绘景描物、抒发个人情怀的诗作。无论是从数量上还是从质量上，最能代表"苏诗"艺术特色的正是这一类绘景描物，抒发自己思乡怀人、阅山望海、饮酒赏月情怀的诗作。因为苏轼生活的时代毕竟不如唐代那样政治开明，可以毫不顾忌，大胆地针砭时弊，宋代文网森严的社会环境使苏轼不得不对自己的感情有所抑制，转而把更多的注意力放在对个人的悲欢离合和自然景物的描绘上。这类作品风格清丽，色彩明快，意趣盎然，同时又往往蕴含着深刻的哲理，正如清人赵翼在评价"苏诗"时所说的："天生健笔一枝，爽如哀梨，快如并剪，有必达之隐，无难显之情，此所以继李、杜后为一大家也。"（《瓯北诗话》）这类诗作的代表作品有《百湖行》《正月二十日与潘、郭二生出郊寻春，忽记去年是日同至女王城作诗，乃和前韵》《初到黄州》《六月二十七日望湖楼醉书五绝》《饮湖上初晴后雨二首》《望海楼晚景》《有美堂暴雨》《海棠》《题西林壁》等。这里以《饮湖上初晴后雨二首》其二为例稍做分析：

水光潋滟晴方好，山色空濛雨亦奇。

欲把西湖比西子，淡妆浓抹总相宜。

苏轼在杭州任通判时，疏导了西湖，灌溉了民田千顷，并筑堤防洪，当地人为了纪念他，将此堤命名为"苏堤"。这首诗作于熙宁六年（1073年），是苏轼题咏西湖的诗作中最有名的一首。前两句用白描和对比的方法，概括了西湖在不同天气下所呈现的不同的美态，"潋滟""空濛"等词用得精当、传神。第三四句，诗人心与景会，从西湖的"晴方好""雨亦奇"，联想到西施的"淡妆浓抹总相宜"，本体和喻体除了字面上同有一个"西"字外，诗人的主要着眼点在于二者同具有天赋的自然之美，以美人喻美景，新奇巧妙而又极富诗意。西湖也因此诗而得美名"西子湖"。全诗构思高妙，语言精练，直到今天，人们每到西湖也一定会想起苏轼的这首诗。

第三类是题咏书画作品。苏轼是一位全才式的艺术家，除了文学创作，在绘画、书法上也都有很深的造诣。苏轼对书画作品的鉴赏与品评，在他大量题咏书画的作品中充分地表现出来。这类作品中，有的只是对所画景物的文字再现，如著名的《惠崇春江晚景（其一）》《西河诗话》；有的作者并不满足于单纯的阐发画意，更加以品评画家的创作风格，探究绘画的艺术规律，如

《书晁补之所藏与可画竹三首》；有的则是借诗发表自己的艺术看法，如《题王逸少帖》《石仓书醉墨堂》。而苏轼的题画论书之作，蕴涵着这位大文豪精深的艺术见解与独特的审美趣味，是苏诗中不可忽视的一部分。

通过分析苏轼的诗作，我们可以看出苏诗主要有两个鲜明的特色：一是善于想象、多用比喻；二是"以议论为诗"。曾有学者这样评价唐诗与宋诗：唐诗以含蓄隽永见长，意在言外，耐人咀嚼；而宋诗则往往以尖新取胜，虽意尽言中，亦饶有别趣。苏诗自然也不能完全摆脱宋诗总体的创作倾向。他的诗作常常是由眼前事物而发，洋溢着浪漫主义的想象，如《海棠》中的"只恐夜深花睡去，故烧高烛照红妆"一句，诗人大胆的想象使事物有了人的灵性。宋魏庆在《诗人玉屑》中说"子瞻作诗，长于比喻"，可见宋人已经注意到了苏诗的这一特点。《百步洪》（其一）更是因为其中的博喻而为后人称道。在描写水流湍急时，诗人在四句中连用七个比喻，充分显示了诗人深厚的文学功力。苏诗的第二个特色是"以议论为诗"。这其实也是宋诗的一个特点。《题西林壁》和《琴诗》就是此类作品。如《题西林壁》中，诗人以"不识庐山真面目，只缘身在此山中"两句说明了一个深刻的道理：由于认识条件的限制，身处事物之中的人往往不能准确地把握事物的全貌与真相。对于"以议论为诗"，前人多加以批评，认为这类诗作好堆砌典故，往往流于枯燥抽象的说理。对于这一点，还需要辩证地看待，不可一概加以否定。不可否认，苏诗由于喜以议论为诗，以才学为诗，有时不免搞文字游戏，但苏诗也往往以巧思和理趣取胜，笔势纵横，清雄英爽。苏轼曾在《书吴道子画后》一文中说吴画"出新意于法度之中，奇妙理于豪放之外"，这大概也是对他自己诗歌特色的最佳概括。

（三）散文大家

苏轼除了是杰出的诗人、词人之外，也以散文家的身份位列"唐宋散文八大家"之中。他一生创作了四千六百多篇散文，笔力纵横，挥洒自如，雄辩滔滔，以扎实的功力和奔放的才情，发展了欧阳修平易舒缓的文风，代表了北宋古文革新运动的最高成就。唐代韩愈、柳宗元所倡导的古文运动，对于扫除当时空洞浮靡的文风起了很大的作用。北宋的欧阳修也一直致力于古文革新运动，苏轼受其影响，并不把文章看成是单纯的"载道"的工具，也不认为文学的目的只是阐发儒家道德理念；他常用迂回的方法，肯定文学在表现作者的生活情感、人生体验和哲理思考方面的作用，肯定文学作为一种艺术创造的价值，这种思想即使在今天也是值得推荐的。

苏轼散文从文体上大致可分为：政论和史论、人物传记、小品文、山水游记。下面分别介绍。

政论和史论：嘉祐六年，苏轼在参加制科考试时写下了《策论》二十五篇和《进论》二十五篇，这可以说是他在政治和文学上的第一次亮相。他在其中提出的"天下有治平之名而无治平之实"，在当时可以说是敢言他人而不敢言。与政论相同，苏轼的史论也处处表现了作者的政治思想，不过只是借助历史现象来阐述罢了。《留侯论》《晁错论》等文章，是苏轼史论的代表作，这类作品也反映了苏轼认识问题与思考问题的深度和广度。

人物传记：苏轼曾说自己"平生不为行状碑传"（《陈公弼传》），但他却为了自己的友人而破例了。在黄州时期，他就为好友陈慥写了一篇颇为传神的传记《方山子传》。这篇传记虽然篇幅不长，却像一幅精练的速写，把人物的个性品行，精神风貌勾勒得分外传神。另外，《潮州韩文公庙碑》也值得一提。苏轼对韩愈评价虽然有偏颇之处，但他还是比较全面地叙述了韩愈在匡扶儒学和振兴文学方面的贡献。"文起八代之衰，而道济天下之溺"两句，集中肯定了韩愈的道德文章与历史地位，可谓准确而中肯。

小品文：这里所说的小品文，专指杂记、书信、题跋一类的文章。其中的《记承天寺夜游》尤其为人称道。这篇仅有八十五个字的文章可谓短小精干、浑然天成、澄清明澈、超凡脱俗。文章的最后一句"但少闲人如吾两人者耳"，可以说是画龙点睛之笔，作者一语道出自己人格的高尚，并将夜月、竹柏作为这种人格的象征，令人为之赞叹。此外，《李氏山房藏书记》《与谢民诗书》也是此类作品中的佳作。

山水游记：中国古人多喜爱游山玩水，登临远

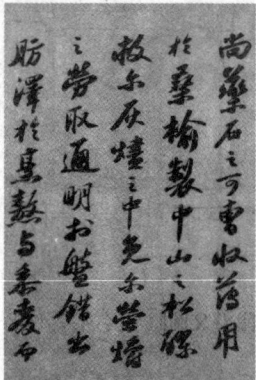

望，相应的此类描绘山水、亭台、楼阁的作品也是不计其数。苏轼作为宋代文坛的精英，当然也不会例外。而且苏轼的一生，绝大部分时间都在外做官，这客观上为他创造了广泛接触大自然，接触各地风光的机会。这一类的代表作品有《喜雨亭记》和《超然台记》，可以说是与之前范仲淹、欧阳修脍炙人口的《岳阳楼记》与《醉翁亭记》相互辉映。但是，苏轼散文中集大成之作仍要属《前赤壁赋》和《后赤壁赋》。以《前赤壁赋》为例：

壬戌之秋，七月既望，苏子与客泛舟游于赤壁之下。清风徐来，水波不兴。举酒属客，诵明月之诗，歌窈窕之章。少焉，月出于东山之上，徘徊于斗牛之间。白露横江，水光接天。纵一苇之所如，凌万顷之茫然。浩浩乎如冯虚御风，而不知其所止；飘飘乎如遗世独立，羽化而登仙。

于是饮酒乐甚，扣舷而歌之。歌曰："桂棹兮兰桨，击空明兮溯流光。渺渺兮于怀，望美人兮天一方。"客有吹洞箫者，倚歌而和之，其声呜呜然：如怨如慕，如泣如诉；余音袅袅，不绝如缕；舞幽壑之潜蛟，泣孤舟之嫠妇。

苏子愀然，正襟危坐，而问客曰："何为其然也？"客曰："'月明星稀，乌鹊南飞'，此非曹孟德之诗乎？西望夏口，东望武昌。山川相缪，郁乎苍苍；此非孟德之困于周郎者乎？方其破荆州，下江陵，顺流而东也，舳舻千里，旌旗蔽空，酾酒临江，横槊赋诗；固一世之雄也，而今安在哉？况吾与子，渔樵于江渚之上，侣鱼虾而友麋鹿，驾一叶之扁舟，举匏樽以相属；寄蜉蝣于天地，渺沧海之一粟。哀吾生之须臾，羡长江之无穷；挟飞仙以遨游，抱明月而长终；知不可乎骤得，托遗响于悲风。"

苏子曰："客亦知夫水与月乎？逝者如斯，而未尝往也；盈虚者如彼，而卒莫消长也。盖将自其变者而观之，而天地曾不能以一瞬；自其不变者而观之，则物于我皆无尽也。而又何羡乎？且夫天地之间，物各有主。苟非吾之所有，虽一毫而莫取。惟江上之清风，与山间之明月，耳得之而为声，目遇之而成色。取之无禁，用之不竭。是造物者之无尽藏也，而吾与子之所共适。"

客喜而笑，洗盏更酌，肴核既尽，杯盘狼藉。相与枕藉乎舟中，不知东方之既白。

这首《前赤壁赋》写于元丰五年（1082年）七月，这时苏轼谪居黄州已近四年。无辜遇害，长期被贬的境遇不免使人郁愤有加。但作者却能坦然而处之，以达观的胸怀寻求精神上的解脱。他在这篇赋中既是自言愁，而又自解其愁，最终在大自然中寻找到了精神上的寄托。赋分三层意思逐层展开，先写夜游之乐，再写乐极悲来，最后写悲后感悟。情感上一波三折，层层深入。文笔跌宕变化，熔写景、抒情、议论于一炉，又借景说理、寓理于情，使得赋充满诗情画意，而兼具哲理性。作者用清新的散文笔调作赋，中间有骈词、俪句，也用了韵，更多的是散句成分，这种赋称之为文赋。除采用赋体传统的主客问答形式外，这首赋的句式长短不拘，用韵错落有致，语言晓畅明朗，其间有歌词，有对话，抒情、说理随性洒脱，恣意表现。这些都是对赋体写作的一种深层次的挖掘与发展。

　　归纳起来，苏轼的散文有如下几点特色：首先，苏轼的散文立意较为深远。他的散文中经常引入大量人们所熟知的史料，然后经由自己的分析，从而得出新鲜的结论，而不是就一篇文章而谈一篇文章。其次，苏轼的散文构思常虚实结合，进而使文章的主题得到深化，使作品也具有了更为普遍的意义。再次，苏轼散文中情、景、理三者水乳交融。题材丰富多样，常常是描写、抒情、议论三种表现手法并用或交互使用，使作品迸发出耀眼的光彩。这一点在苏轼的《记承天寺夜游》和《后赤壁赋》中均有体现。最后，苏轼散文在文体及语言上都有所创新，如亭台楼阁记与山水游记，本应属于记叙文的范畴，苏轼却在其中夹杂了抒情和议论的成分，大大丰富了文体。苏轼曾说过："大凡为文当使气象峥嵘，五色绚烂，渐老渐熟，乃造平淡。"（《竹坡诗话》）这也恰到好处地概括了苏轼散文的艺术特征。

五、艺术成就

　　苏轼的一生除了在文学创作方面取得了巨大的成就外，他在书法、绘画等方面也都具有极高的造诣。

　　在绘画方面，苏轼以画墨竹见长，并在中国绘画史上产生了巨大的影响。苏轼画竹是受到表兄文与可的影响，文与可在当时可谓是画竹高手，苏轼曾写过一篇著名的散文《文与可画筼筜谷偃竹记》来怀念这位杰出的画家与难得的知己。苏轼在北宋后期所倡导的诗、书、画相结合的"文人画"，对后代文人画的发展起到了极大的推动作用。诗、书、画的结合，在当时可谓是一项具有突破性的成就，被认为是中国绘画的一个特色。"味摩诘之诗，诗中有画。观摩诘之画，画中有诗。"这是苏轼对王维诗画的著名论断，从这点我们便不难看出，诗画相通一直是苏轼所追求的境界，这在苏轼的题画诗中也有所体现。

　　谈到苏轼的绘画成就，我们是不能将其与诗词分离开来的，苏轼在他的诗词中所透露出来的传统的绘画观念，主要是源于苏轼儒、释、道一体的世界观和他不平凡的坎坷遭遇。苏轼非常讲究"形似"。他在题画诗《书韩干牧马图》中，肯定了韩干所画的《牧马图》，用"平沙细草荒芊绵，惊鸿脱兔争后先"称赞韩干形象地表现了群马奔逐的自然形态，同时也指出韩干所画的马是宫中之厩马。"韩惟画肉不画骨"，即韩干忽略了对象的"形似"，苏轼指出了韩干画马在造型上偏离了奔马的基本形态。苏轼说："余尝论画，以为人禽、宫室、器用皆有常形。"要合自然的形，合乎自然的比例，匀称、和谐，即基本符合客观实际。苏轼在画物方面虽讲究形似，但他却极为反对胶着于形似，不准放逸的形似，他所中意的"形似"是求事物实质上的形似，而不是外表的形似。

　　苏轼还提出了画中之理的观点。画理的获得应该是诗人与画家对自然生活的一种体悟，是在书斋里很难得到的。画中之"理"即指画中事物要合乎其规律，不能随意为之，这与画者自身的品格素养有着不可分割的联系。在《书晁补之所藏与可画竹》中，苏轼提到"与可画竹时，见竹不见人，岂独不见人，嗒然遗其身。其身与竹化，无穷出清新，庄周世无有，谁知此疑神"。苏轼认为绘画的最高境界，应是画家本人的性情、人格与所画之物完全融为一体，不分彼此。苏轼在此正是写出了文同画竹的物我两忘之精神，"见竹不见人""其身与竹化"，就是说画家将个人情感融于所画之竹中。画家若没有对物象的切身体验与感受，便很难进入忘我境界。苏轼自己有时画竹不画节，"作墨竹自下一笔而上"，他还在翰林院画过赤竹，画得旷达和随意。这也正是苏轼在绘画方面所极力追求的主观体验的表现。

在书法方面，苏轼少学《兰亭》，后取法李邕、徐浩、颜真卿、杨凝式，用笔丰腴跌宕，天真烂漫，能自创新意。与蔡襄、黄庭坚、米芾合称"宋四家"。

在书法方面，苏轼善于创新，他把书法从唐人的森严法度中解脱出来，进入新的艺术境界，即"尚意"。黄庭坚曾指出：我们欣赏苏轼的书法，应该从"学问文章之气，郁郁芊芊，发于笔墨之间"的以意取胜来深入理解。

苏轼认为要想习得过人的书法本领，首先要知晓书法的本末。这里所指出的本末的概念即是指各种书法体式之间的关系。苏轼认为正书是书法之本，而行书、草书为末。只有正书写好，才有可能在行书、草书方面取得进展。否则就是本末倒置，很难在书法上取得较好的成绩。其次，苏轼认为要掌握书法的规律，具体说来也就是书法中各种字体的布局、结构，要想找出这其中的规律是需要长时间的探索与领悟才能实现的。另外，苏轼认为书法贵在创新，他认为一个杰出的书法家的可贵之处在于，能够在掌握了法度和规律的基础上，找出新意，自成一家。这也是苏轼在评论书法时所遵循的重要标准。

苏轼十分注重书法的自然之美。他的书法体现出来的是一种平淡、自然之姿。黄庭坚将苏轼书法分为三个时期：早年姿媚，代表作为《治平帖》，笔触精到，字态妩媚。中年圆劲，代表作为《黄州寒食诗帖》，此诗帖是元丰五年（1082年）苏轼因为乌台诗案遭贬黄州时所写的两首诗。诗句沉郁苍凉又不失旷达，书法用笔、墨色也随着诗句语境的变化而变化，跌宕起伏，气势不凡而又一气呵成。所以元朝鲜于枢把它称为继王羲之《兰亭序》、颜真卿《祭侄稿》之后的"天下第三行书"。晚年沉著，代表作有行书《洞庭春色赋》《中山松醪赋》等，此二赋以古雅胜，姿态百出而结构紧密，集

中反映了苏轼书法"结体短肥"的特点。其最晚的墨迹当是《与谢民师论文帖》（1100 年）。苏轼的书法，以及在书法所体现出来的品格，后人对其的赞誉是十分高的。

总之，苏轼倡导的"文人画"的绘画美学思想，在我国的绘画史上开创了一个新的局面，促进了中国诗画的民族审美情趣的发展。同时，他在对待书法时的精神也被人们所接受并传颂，成为人们习作时的典范。

苏轼的一生，在坎坷与困难中不断追求、积极进取，他以独特的政治、文学和艺术生活状态塑造了崇高的道德典范，展示着灿烂的人格魅力，如苏轼般在文学艺术的各个领域都卓有建树的人，在中国文学史上绝无仅有，苏轼真可谓"千古第一文人"，他发出的夺目光辉使整个北宋文坛为之灿然。宋神宗皇帝精辟地说："白有轼之才，无轼之学。"宋孝宗皇帝称苏轼："雄视百代，自作一家，浑涵光芒。"清代学者王国维认为："中国古代最伟大的四位诗人是屈原、陶渊明、杜甫、苏轼。而其中还没有任何一个封建时代的文人的影响能超越苏轼之上。"我国老一辈革命家、军事家、诗人陈毅元帅则说："吾读长短句，最爱是苏辛。东坡胸次广，稼轩力万钧。"可见，苏轼作为艺术史上不朽的丰碑，不管是在过去、现在还是将来，都将给予我们以深刻的启示和广泛的影响。

铁马秋风——陆游

南宋时期，文坛上活跃着一批爱国诗人，他们在山河破碎、政治腐败、生灵涂炭的黑暗岁月里，坚持用自己的一杆笔写就战斗的诗篇，反对民族压迫，反对偏安投降，为国家的统一和黎民的命运贡献着自己的一份力量。他们的作品深刻反映了当时的社会历史面貌，表达了广大人民的要求和愿望，发出了时代的最强音……而陆游无疑是这批爱国诗人中的翘楚。

一、激荡的时代

南宋时期，文坛上活跃着一些爱国文学家，他们在山河破碎、政治腐败、生灵涂炭的黑暗岁月里，坚持用自己的作品，反对民族压迫，反对对敌投降，为祖国的统一进行着不屈不挠的斗争，发扬了光荣的爱国主义传统。他们的作品深刻反映了当时的社会历史面貌，表达了广大人民的要求和愿望，发出了时代的最强音，鼓舞当代和后世人民为正义而斗争。陆游便是其中杰出的一员。

陆游（1125—1210），字务观，号放翁，越州山阴（今浙江绍兴）人。他生活在公元12世纪20年代至13世纪初，经历了北宋末年的徽宗、钦宗两朝皇帝和南宋前期的高宗、孝宗、光宗、宁宗四代更替。这恰恰是我国历史上阶级矛盾和民族矛盾极其尖锐，社会斗争十分激烈的时期。

公元12世纪初，我国存在着宋、辽、西夏等几个民族政权，国土有大有小，势力有强有弱。他们之间既相互往来，又相互对立，不断进行着战争。外患当头，统治者本应励精图治，将百姓发动起来抵御外侵，但以宋徽宗为首的北宋封建王朝内部极度黑暗腐败，造成社会上危机四伏。宋徽宗崇信道教，在政治上无所作为，又喜欢奢侈的生活，挥霍无度。他视为心腹的大臣，有很多非但不是治国的贤才，反而是贪残奸佞之徒。像蔡京、王黼、童贯、李彦、梁师成、朱勔这些人，投皇帝所好，获得高官厚禄，在上拨乱朝政，陷害忠良，在下巧取豪夺，残酷剥削百姓，使阶级矛盾更加激化。过惯荒淫腐朽生活的宋徽宗，一时兴起，想在京城修建一座具有南方风味的花园——艮岳，就指派朱勔在苏州设立"应奉局"，强行搜刮东南地区的奇花异石。大量被掠夺的"珍异"之物，由水路运往东京汴梁，这就是所谓的"花石纲"。运送花石纲的任务全部摊派到百姓的身上，一旦有损坏或丢失，地方官吏就逼迫、勒索百姓赔偿，使百姓卖儿鬻女，家破人亡。

残酷的压迫必然激起百姓的强烈反抗，南方的方腊在睦州青溪揭竿而起，数日之内，起义队伍就发展到数十万人，很快攻下六州五十二县，震动东南。在

北方地区，则有宋江等三十六人领导的起义军活动于山东、河北、河南一带，声势浩大，沉重地打击了腐朽统治者的嚣张气焰。

正在北宋统治阶级走向崩溃边缘的时候，居住在我国东北地区的女真族日渐强大，十多年间就以武力征服了辽和北宋，占领了淮河以北的广大地区。从此，我国形成了南北分裂、宋金对峙的局面。

女真族是我国的少数民族之一，原称勿吉，隋唐时称靺鞨。1115 年，女真族部落首领完颜阿骨打在白山黑水间建立了金政权。曾经备受辽国欺凌和压榨的女真族人在政权建立后，为摆脱辽国的压迫和统治，发动了对辽战争。金兵长驱直下，势如破竹，辽兵则毫无斗志，节节败退。北宋统治者想利用辽金之间的矛盾，与金国订立"海上之盟"，联合进攻辽国，好乘机收复被辽国侵占的燕云之地。然而，宋徽宗的宠臣童贯率领的宋军毫无战斗力，对辽作战一再失利，这就让女真贵族了解了北宋统治集团的昏聩无能和北宋军队的虚弱不堪。1125 年，女真族的金国灭了辽国，气焰更加嚣张，并且垂涎于中原地区先进的生产力和丰富的物质资源，就准备撕毁与宋朝订立的盟约，以武力征服中原。

这一年冬天，金兵灭辽不久，随即兵分两路南下，大举侵略北宋。西路由粘罕（宗翰）率领，由云中攻太原；东路由斡离不（宗望）率领，从平州攻燕京，然后两路大军合围北宋都城开封。在金兵发动的突然袭击面前，宋军惊恐万状，不战自溃，纷纷弃城逃跑。西路金兵攻下朔州、武州、代州等地后，受阻于太原。东路金兵相继攻陷燕京、相州、濬州，渡过黄河，直逼开封城下。

这时的开封城内，大臣们还在为了和战问题争吵不休，宋徽宗感到无法摆脱危机，就在十二月二十三日匆匆传位给太子，自己带着蔡京、童贯、高俅、朱勔等人南下逃命。靖康元年（1126 年）一月，宗望率领的金军包围了开封。即位的宋钦宗不得已任命主战派李纲为"亲征行营使"，负责京城防务。开封军民在李纲的领导下，同仇敌忾，浴血奋战，西北名将种师道率领的援军也日夜兼程赶到开封，金兵多次攻城不下，在勒索掳掠了大量金银珠宝后撤退了。开封解围，宋徽宗回京，北宋朝廷的主和派又重新得势，他们贬斥李纲，解除种师道的兵权，依旧过着醉生梦死、荒淫腐朽的生活。靖康元年秋天，金兵再度大举南侵，不久开封陷落，敌军大肆烧杀抢掠，京城内外变成一片废墟。金军俘虏了徽、钦二帝以及宗室、后妃，带着洗劫来的金银、车马、典籍、工匠北上，北宋灭亡，这就是"靖康之难"。1127年6月，宋徽宗的另一个儿子赵构在南京（今河南商丘）即位，改元建炎，即历史上的宋高宗，后来他逃到杭州建立偏安于南方的政权，史称南宋。

令人叹息的是，南宋的历代帝王并没有吸取北宋亡国的教训，更没有向金国复仇、收复中原的决心，他们个个都庸懦卑怯、自私无耻、只求苟安、不恤国计。为了维持一时的安宁，他们对敌屈膝称臣，甘心割地媚敌，全然不顾国家和人民的利益。南宋一些当权的丞相，如秦桧、贾似道之流，都是怀奸误国、残民害政的民族败类。他们对内加紧压榨剥削，贪婪地吸吮民脂民膏，偏安在一隅江山中过着穷奢极欲、纸醉金迷的糜烂生活；对外则卑躬屈膝，一贯奉行投降卖国政策，断送了收复失地、统一祖国的大好时机。统治者们在高墙深院中，欣赏轻歌曼舞，吟唱风烟云霞，庆贺"天下太平"，早把中原的大好河山忘到九霄云外。诗人林升在杭州的一家旅店墙壁上题写《题临安邸》，道出了人民的心声：

山外青山楼外楼，西湖歌舞几时休？

暖风熏得游人醉，直把杭州作汴州！

沦陷区的广大人民处在水深火热的苦难深渊，在异族统治者的蹂躏之下呻吟。而在南方，百姓饥寒交迫，尸横遍野。无数爱国志士遭贬黜、被杀害。他们有心报国，无路请缨，被迫退居山林，虚度岁月，正如陆游的《感愤》诗中所说："诸公尚守和亲策，志士虚捐少壮年。"在这样的时代背景下，许多作家的生活与创作都发生了变化，他们走向现实，面对刀光剑影，迎着血雨腥风，写出了大量沉痛悲愤、壮怀激烈的动人诗篇。陆游就生活在这样的时代，他那些不朽的爱国诗篇便是在这块丰饶而残酷的历史土壤里生根、开花、结果的。

二、动荡的童年

陆游出身于封建士大夫家庭，他的祖父陆佃是王安石的学生，曾任礼部侍郎、尚书右丞，精通经学，著有《埤雅》《礼象》《春秋后传》等书，是北宋著名的学者。陆游的父亲陆宰在北宋末年做过吏部尚书、淮南计度转运副使等职，南渡后退居山阴故居，经常与主战派来往。陆游的母亲唐氏是北宋神宗熙宁初参知政事唐介的孙女。可以说，家人在思想、品格、学术方面，都给予了陆游很深的影响。

陆游出生于宣和七年（1125 年）。这年的十月中旬，任淮南计度转运副使的陆宰奉诏入朝，他带着家眷从寿春出发，打算乘船由淮河入汴水，到达京城开封。十月十七日，陆宰一家乘坐的官船正安稳地行驶于淮河中流，忽然天空乌云密布，霎时间狂风大作，暴雨倾盆而下，滚滚的淮河水掀起惊涛骇浪，发出震天动地的怒吼声。船上的男女老幼都被这突如其来的暴风雨吓得目瞪口呆，惊慌失措。正在人们和风浪搏斗的时候，只听船舱中传出了婴儿的啼哭声，这个迎着暴风雨来到人间的婴儿，就是被后人誉为"亘古男儿一放翁"的爱国诗人陆游。多年后，陆游这样描述自己出生时的情景："少傅奉诏朝京师，檥船生我淮之湄。宣和七年冬十月，犹是中原无事时。"还有："我生急雨暗淮天，出没蛟鼋浪入船。白手功名无尺寸，茅檐还听雨声眠。"

陆宰进京后不久，调任为京西路转运副使，工作地在山西长治、晋城一带。这时金兵南侵的消息已经传来，时局非常紧张。陆宰把家眷安置在河南荥阳，独自赴任。他到任不久，金兵就渡过黄河，包围了开封。从此天下大乱，北宋王朝开始土崩瓦解。

靖康元年（1126 年）四月，陆宰被弹劾免职，尽管不明白事由，但他没去申辩，而是带着家眷回到了开封。离开京城虽然只有半年，但劫后的景象实在触目惊心，昔日青楼画阁、珠帘绣户、金翠耀目、罗绮飘香的繁华景象不见了，呈现在眼前的是一片败屋残垣、瓦砾余灰。平时最热闹的州桥南北和大相国寺一带，如今也十分荒凉冷落，很少行人往来。不时地能看见衣衫褴褛、面容憔悴、流离失所的难民。面对这使人目不忍睹的惨状，陆宰既为国家民族的命运担心，又痛感自己的无能为力，内心无比沉重。

这时金兵虽然已经撤离开封，但还在河北一带继续发动进攻。朝廷的大权又落到了主和派的手中，他们以为只要割让土地，就可以苟延残喘地活下去。种种不祥的预兆，使京城的百姓预感到敌军随时可能再次南侵。百姓对北宋的当权者不再抱有幻想，纷纷挥泪告别故土，逃难到南方去躲避即将到来的弥天大祸。这年秋天，陆宰一家也准备离开京城，回山阴故居。陆游这时刚刚开始学习走路，还不懂事，是在父母的怀抱中离开汴京的，从此再也没能回来。每当陆游想到当年离别京城的情景时，心中总是充满无限的感慨：

扶床踉跄出京华，头白车书未一家。

宵旰至今劳圣主，泪痕空对太平花。

——《太平花》

陆宰一家人口众多，行动迟缓，一路上遇到的困难可想而知。当他们渡过淮河到达寿春（今安徽寿县）时，在那里停留了一段时间，作短期休整。在寿春，陆宰听到了开封陷落、徽钦二帝被俘北上和高宗即位的消息。他盼望局势能逐步好转，可是从前线传来的消息却令人失望。战火在迅速蔓延，金兵在继续南侵。他们的野心越来越大，企图一举征服全国。江淮流域已经变成战场，不再是人们的避难所了。于是，陆宰只得带着全家老小继续向故乡逃亡。他们跋山涉水、"渡淮绝江"，有时与成千上万的难民同行，有时则夹杂在溃散的官军之中，人人心惊胆战，唯恐被敌兵追上。一路之上，风餐露宿，受冻挨饿，历尽艰辛。陆宰一家在淮河岸边险些遇到了敌人的追兵，他们慌忙躲进偏僻的草丛中，藏了一天一夜，才得以脱险。逃亡途中，常常十天半月也吃不上一顿热菜热饭，能吃上一口干粮就算不错了。这时陆游已渐渐懂事，他在回忆这段危险艰苦的生活时写道：

我生学步逢丧乱，家在中原厌奔窜。

淮边夜闻贼马嘶，跳去不待鸡号旦。

人怀一饼草间伏，往往经旬不炊爨。

……

——《三山杜门作歌》

经过长期颠沛流离的生活，陆宰一家终于回到

了山阴故居。对于年幼的陆游来说，这是初次投入故乡的怀抱。到家以后，陆宰忙于修理房舍，料理生活，会见亲友邻里，很少有空闲的时候。年幼的陆游便跟随两个哥哥到碧波千顷的镜湖之滨采菱摘花、捉蟹捕鸟。陆游很快就对山明水秀、风光如画的家乡产生了感情。

建炎三年（1129年）秋天，兀术统率金兵再次向南侵犯。这时，宋高宗从扬州逃到临安，接着又经越州（今浙江绍兴）、明州（今浙江宁波）逃到海上。金兵分两路渡过长江，跟踪追击。敌兵所到之处，田园庐舍，尽成焦土，江南百姓遭到了空前的浩劫。

当金兵逼近临安时，陆宰匆忙侍奉着老母，领着全家，投奔到东阳（今浙江金华）陈彦声那里避难。陈彦声是东阳一支地方武装势力的首领，为人勇敢、仗义，对陆宰一家照顾得很周到。一家人在这里寄居了三年多，等到岳飞、韩世忠等人统率的宋军给予金兵重创，江南的形势稳定下来之后，他们才从东阳回到了山阴故居。

动乱的童年时代，使陆游尝到了侵略战争所带来的无边苦难，他看到了无数百姓背井离乡、辗转沟壑的悲惨处境。这段难忘的经历，给陆游留下了深刻的印象，成为他一生忧国忧民思想的起点。陆游在诗中曾说："少小遇丧乱，妄意忧元元。"（《感兴》）从童年时代起，诗人陆游的命运就与国家、百姓的命运联系在一起了。

三、学文与习武

陆游从小就很喜欢读书，大约在 6 岁避乱东阳时，他就开始入学念书了。当时的学习条件很差，陆游在诗中如此描绘当年："灶墨磨断瓦，荻管随手画。"但他学习仍然很用功。回到山阴后，他开始进入乡校，正式从师受业。这时有两位老师给他的印象最深，一位叫韩有功，为人正直，有骨气；另一位是陆游的族伯陆彦远，他非常崇拜王安石的学问。他们都是陆游的启蒙老师。

陆家是书香门第，也是当时江南一带有名的藏书之家。后来南宋政府在临安建秘书省，陆家就曾献出珍贵的图书一万三千多卷。陆宰对孩子们要求很严格，常常深夜还在灯下督促他们的学业，指导他们学习儒家经典。他还不止一次地给陆游兄弟讲述他们的祖父陆佃少年时刻苦自学，最终成为著名学者的事迹，以此来勉励后代。在父亲和老师的辛勤培养下，天资聪慧、勤奋好学的陆游学业进步很快，12 岁时，就能诗善文。

陆宰希望儿子多在儒家经典上下工夫，以便将来能通过科举考试进入仕途。可是年少的陆游却喜欢阅读文学作品，对陶渊明、王维、岑参的诗歌更是爱不释手。十三四岁的时候，陆游有一天偶然发现父亲的藤床上放着一本陶渊明的诗集，便拿来翻看，越读兴味越浓，舍不得放下。家人招呼他吃晚饭，他也装着没听见，饿着肚子一直读到深夜。

年少气盛的陆游在乡校中结识了一些兴趣相投的同学，他们经常互相砥砺，在一起探讨疑难问题，对获取功名颇有信心：

少时业诗书，慕古不自量。

晨暮间弦诵，左右纷朱黄。

积书山崇崇，探义海茫茫。

同志三四人，辩论略相当。

落笔辄千言，气欲吞明场。

——《目昏颇废观书以诗记其始时年七十九矣》

16 岁那年，陆游初次来到临安应试，

他和同学都住在西湖边上的灵芝寺里。除了复习功课、参加考试外，这些年轻人就尽情畅游名胜古迹，饮酒高歌，纵论天下大事。在《送韩梓秀才十八韵》一诗中，陆游追忆当时的生活：

束发走场屋，始得从君游。

灯火都城夜，风雨湖上秋。

追随不隔日，岩壑穷探搜。

摩挲石屋背，摇兀暗门舟。

酒酣耳颊热，意气盖九州。

夜卧相踏语，狂笑杂嘲讴。

但恐富贵逼，肯怀贫贱忧？

这次入都应试虽然没有结果，但他结识了一些朋友，增长了不少见识。回到家乡后，陆游就学于鲍季和先生，继续学习。18岁那年，陆游认识了当时著名的诗人曾几，并拜他为师，开始正式学习诗歌创作。曾几不仅是一位有影响的诗人，还是一位爱国之士，他对陆游的影响很大。

少年时代的陆游从书本上学到了很多知识，生活也给予了他很大的熏陶。南渡之后，陆宰虽然没在政府中任职，但他对国事还是很关心的。当时一些爱国的知识分子经常来陆家，议论朝政和局势，表达他们对侵略者的仇恨和对投降派的愤怒之情。陆游常常在一旁聆听父辈的爱国言论，受到深刻的教育。父辈的爱国思想，在陆游的心田里播下了杀敌报国的种子，使他从小便立志要"扫胡尘""清中原"，为实现祖国的统一而奋斗。

陆游感到，在国难当头的岁月里，不能单单学文，还必须习武，掌握杀敌的本领。大约在20岁左右，陆游对"文章句读"一类的学问产生了怀疑，认为埋头经书，讲明古义，虽能博取功名富贵，却无济于事，无补于国，因而是不足道的。他崇拜的是姜子牙、诸葛亮一类武能安邦、文能治国的英雄人物。于是，陆游开始研读兵书，学习剑术，结交江湖奇士，度过了一段诗酒豪纵的游侠生活。这在他自己的作品中有生动的反映：

少时酒稳东海滨，结交尽是英豪人。

龙泉三尺动牛斗，阴符一编役鬼神。

——《夏夜大醉醒后有感》

十年学剑勇成癖，腾身一上三千尺。

术成欲试酒半酣，直蹑丹梯削青壁。

青壁一削平无踪，浩歌却过连花峰。

世人仰视那得测，但怪雪刃飞秋空。

————《融州寄松纹剑》

这些诗篇可以反映出陆游青年时代生活的一个侧面。为了实现灭敌复国的理想，陆游曾走出书房，离开家门，到社会上去求师寻友，习武学剑。他拜一位人称"白猿翁"的老侠士为师，学得了一手精湛的剑术。在江湖侠士中，陆游具有很高的文化水平，并且性格豪爽，对兵、剑、诗、书都有自己独到的见解。大家都认为他文武双全，将来一定会大有作为。这段生活经历在陆游的一生中，虽然只是一个插曲，但对他的思想和性格的发展是有影响的。他广泛结识了各阶层的人物，加深了对现实社会的认识，胸怀更开阔，性格更豪放，知识也更丰富了。陆游在百姓中积极宣传抗金，主张用兵，赢得了许多同情者和支持者。在朝野上下弥漫着妥协投降气氛的时候，爱国青年陆游已经以"喜论恢复"而闻名遐迩了。

四、爱情的悲歌

高宗绍兴十三年（1143年），陆游19岁，第二次来到临安应试。虽然这次考试仍无结果，但他在临安停留了较长的时间。第二年的元宵节，陆游的舅父唐仲俊约他在临安观看灯火，就是在这一次出游中，他见到了舅父的女儿唐琬。他们姑表兄妹幼年时曾见过面，这次相逢，互相爱慕，感情更深了。陆游回到山阴后不久，就跟唐琬结了婚。

这对夫妻生活十分美满幸福。唐琬能诗善词，和陆游有许多共同语言，二人相亲相爱，形影不离。本来陆游对科举就没有什么兴趣，婚后用在"学业"上的时间就更少了，这使陆游的父母很不高兴。特别是陆游的母亲，不知为什么，对自己的内侄女总是看不顺眼，常常指桑骂槐，借故责难儿媳，最后在盛怒之下，逼着陆游与唐琬离婚，将唐琬赶出了家门。

陆游心里明白，自己的妻子是无辜的，但在封建礼教的桎梏下，父母的话就是法令，不管对与不对都必须服从。陆游无可奈何，忍痛与爱妻分开。但他实在难以割舍，便瞒着双亲在外面找了一间房子，把唐琬暂时安置在那里，时常与之幽会。可见他在悲痛之余，还存着一种侥幸心理，希望母亲有一天能回心转意，让他们夫妻重新团圆。每当他去看唐琬时，总是用这种想法来安慰她。唐琬却默默无语，憔悴的脸上挂着泪珠，她受的创伤太重了，对破镜重圆已不抱多大希望。这样又过了一段时间，他们的秘密终于被家里觉察，陆母不但没有动恻隐之心，反而横暴地拆散了这对恩爱的夫妻。不久，陆游被迫另娶王氏，唐琬也改嫁同郡的宗室赵士程。这一婚姻悲剧在陆游的心灵中留下了深深的伤痕，不久他就离家远游，开始了"学剑西州"的浪游生活。

绍兴二十五年（1155年），陆游31岁。一个春光明媚的日子，诗人独自来到山阴城外禹迹寺的沈家花园，恰逢唐琬与赵士程也来这里游春。一对被活活拆散的情人，分别十年，偶然相逢，真是又惊又喜，可如今时过境迁，千言万语也只能埋藏在心底。唐琬含泪忍悲，叫人送给陆游一些酒菜，以表示对故人的追忆之情。陆游想起当年泣血摧心的往事，悔恨交加，如痴如醉，凝神望着那含情脉脉的倩影，久久不能平静。当他清醒之后，唐琬的身影已经消失在花柳丛中。陆游感慨万分，提笔在花园的墙壁上写下一首哀婉凄楚的《钗头凤》：

红酥手，黄縢酒，满城春色宫墙柳。东风恶，欢情薄，一怀愁绪，几年离索。错！错！错！

春如旧，人空瘦，泪痕红浥鲛绡透。桃花落，闲池阁，山盟虽在，锦书难托。莫！莫！莫！

据说唐琬读到这首词后，悲痛欲绝，含泪和了一首：

世情薄，人情恶，雨送黄昏花易落。晓风干，泪痕残，欲笺心事，独语斜栏。难！难！难！

人成各，今非昨，病魂长似秋千索。角声寒，夜阑珊，怕人寻问，掩泪装欢。瞒！瞒！瞒！

沈园一见之后，唐琬便一病不起，不久就含恨离开了人世。

陆游对这一婚姻悲剧终身难忘，心灵所受的创伤实在是太深了。诗人晚年卜居镜湖三山，虽然他已经是儿孙满堂、白发苍苍的老翁了，但仍然时常携杖来到沈园，探寻遗踪，凭吊故人，并写下了一首首爱情悲歌：

城上斜阳画角哀，沈园非复旧池台。

伤心桥下春波绿，曾是惊鸿照影来。

梦断香消四十年，沈园柳老不吹绵。

此身行作稽山土，犹吊遗踪一泫然。

　　——《沈园》

五、考场风波

　　虽然陆游在考场上两次失利，但他的家人仍然认为通过科举考试进入仕途，是像他这样的世家子弟唯一的出路，不管遇到多少挫折也不应该回头。陆游经过十年学剑的游侠生活，除了学到一身武艺，结识了各方面的人物，锻炼出一副强健的体格外，并没有做出对抗金复国有益的实际成绩来。在这样的情况下，他在绍兴二十三年（1153 年）再一次来到临安，参加进士考试。

　　宋代凡有官衔的人考进士，叫作锁厅试。陆游曾因门荫制度被授予九品文官登仕郎的虚衔，所以他这次来临安就参加了锁厅试。主考官两浙转运使陈阜卿，为人正派，刚直不阿，曾因发表逆耳忠言触犯过奸相秦桧。当他看到陆游的试卷后，认为这份试卷既有见解，切中时弊，又富有文采，是一篇难得的好文章，便决定取陆游为第一名。可是秦桧的孙子秦埙也参加了这次考试，秦桧早已传出话来，必须把他的孙子取为第一名。主持锁厅试的其他官员都俯首听命，准备以秦埙为第一名报送礼部参加复试。但陈阜卿坚持以陆游为第一名，秦埙为第二名上报礼部。秦桧得知此事，大发雷霆，对陈阜卿和陆游都怀恨在心。次年三月，陆游在礼部复试中又被取为第一名，这更加触怒了秦桧，他公然下令贬黜陆游，取消他的进士资格，并扬言要查办陈阜卿。幸好不久之后，这个气焰嚣张、横行无忌的老贼突然患病死去，这场风波才算平息下来。秦桧嫉恨陆游，不仅由于陆游名列自己孙子秦埙之前，占了鳌头，更因为陆游"喜谈恢复"，不附和议，在政治上是一个异己分子。这件轰动一时的考试风波，并非一般的徇私舞弊行为，而是一桩政治打击报复事件。这是陆游初次和朝廷的投降派发生正面冲突，也是黑暗现实给他上的第一堂政治课。

　　秦桧想在政治上扼杀陆游，但他的企图并没有得逞。陆游虽然遭到除名的打击，但丝毫没有消极气馁，反而更加认清了投降派的面目，坚定了与他们进行斗争的勇气和决心，他的爱国思想更加坚定了。此后，陆游多次赋诗斥责秦桧弄权误国、排挤善类的种种罪恶行径：

太平翁翁十九年，父子气焰可熏天。

不如茅舍醉村酒，日与邻翁相枕眠。

——《追感往事之一》

六、初入仕途

绍兴二十五年（1155年）十月，卖国贼秦桧病死。这是一件大快人心的事。朝廷的政策虽然没有发生什么变化，但毕竟给人们带来了一线希望。在社会舆论的压力下，一些长期遭受秦桧打击迫害的主战派官员，如张浚、胡铨、曾几等，都相继被起用，人们期待着形势能够逐渐好转。

陆游就是在这种情况下，于绍兴二十八年（1158年）被任命为福建宁德县主簿的。诗人陆游初入仕途，虽然官卑位下，却幻想着远大的前程。他在入闽赴任途中，泛舟瑞安江时，怀着愉快的心情写道：

俯仰两青空，舟行明镜中。

蓬莱定不远，正要一帆风。

————《泛瑞安江风涛贴然》

可他到任不久，就感到失望了。陆游原以为出任后能有所作为，但他担任的主簿却是个芝麻小官，既无实权，又任务繁重，终日忙于文书案牍，穷于应付。他的心情很是苦闷，但仍然勤勤恳恳、尽职尽责，因而受到当地百姓的爱戴。次年，陆游又调任福州决曹，负责当地的刑事诉讼工作，虽然仍未能有所建树，但他结识了一些友人，遍览了当地的名胜，开阔了眼界和心胸。

绍兴三十年（1160年）春天，陆游奉旨入京担任敕令所删定官，负责编纂朝廷颁布的法令和文告。第二年，他又担任了负责司法工作的大理寺直。陆游在南宋政府中的地位虽然不高，但能接近朝廷当权人物，可以陈述自己的政见，所以他对自己的工作还是很满意的，热情也很高，不断寻找机会为朝廷作贡献。

这时金国的国主完颜亮正准备南侵，宋金战争将再次爆发。本来中原人民的抗金斗争在"绍兴和议"后已经转入低潮，完颜亮的残暴统治又激起了各族人民反抗的怒火，各地起义不断爆发。而在南宋方面，秦桧死后，主战的呼声逐渐高涨。绍兴三十一年（1161年）九月，完颜亮大举南侵，宋军在主战派将领的率领下，给予金军以迎头痛击，采石矶一战，宋军大捷。金国遭此大败，发生内讧，完颜亮被部下杀死，金军被迫撤退。这次战争的胜利，极大地鼓舞了南宋军民。主战派便要求朝廷利用金国的内部矛盾，抓紧时机，整顿军备，出师北伐，收复中原。

陆游初次来到中央工作，积极热情，抓住一切机会宣传抗金主张。当宋高宗召见他时，他曾恳切地请求皇帝下令北伐中原："后生谁记当年事，泪溅龙床请北征。"（《十一月五日夜半偶作》）陆游还向朝廷提出了许多励精图治的建议，如非宗室外家不得封王；朝廷不得派遣内侍小臣在外作威作福，扰民害政；监察工作要选拔德才兼备的人来担任；废除极端残忍的凌迟之刑；禁止宦官收养义子等等。陆游劝告宋高宗应生活节俭，不要过于奢华淫靡。他特别提出，宦官为了得到恩宠，用高价收购北方珍玩献给皇帝，是一种有亏圣德的行为，必须严加禁止。虽然陆游的意见都是切中时弊，很有针对性的，但高宗不但没有采纳，反而认为陆游顶撞自己，于是借故将陆游免职了。

绍兴三十二年（1162年）六月，宋高宗将皇位传给宋孝宗。孝宗即位之初，曾表示要收复中原，并起用老将张浚进行北伐的准备。在宰相史浩、黄祖舜的推荐下，孝宗任命陆游为枢密院编修官兼类圣政所检讨官，还亲自召见了陆游，称赞他博学广闻，赐以进士出身。陆游以为孝宗真有北伐的决心，自己受了重视，爱国的热情就更高了。他在临安积极宣传抗金，联络各方面的爱国人士，并向当权者提出了许多有关刷新政治、加强战备、出师北伐的建议。

在政治方面，陆游主张效法北宋仁宗时期的行政制度，精简机构，删除律令繁文，提高工作效率，整饬吏治军纪，加强中央集权，统一抗金意志。在用人方面，陆游反对"重南轻北"的偏见，希望朝廷注意选用从中原流亡到南方来的有志之士，这样可以给中原沦陷的百姓以安慰，表示朝廷并没有忘记他们，从而增强他们对南宋政府的向心力。在军事方面，陆游和枢密院的其他官员意见一致，主张用十分之九的兵力固守江淮，用十分之一的精锐兵力进攻山东，深入敌后，开辟战场，等到徐州、郓州、亳州一带平定后，主力部队再向北推进。可以说，在当时，这是一种切实可行的战略。

可惜，陆游的建议并没有受到孝宗的重视，更没有被采纳施行。孝宗即位初期虽然做出了支持北伐的姿态，但实际上并没有痛下决心，

励精图治。他所宠信的仍然是一些贪婪狡黠、拨乱是非、败坏朝纲的小人。陆游认为要想发愤图强、收复中原，就必须除掉这些祸国殃民的奸党。为此，他屡屡劝谏孝宗，触怒了皇帝，被逐出了京城，贬为镇江府通判。

　　隆兴二年（1164年）春天，陆游前往镇江赴任，恰好这时张浚以右丞相的身份督师江淮军马，路过镇江。陆游的父亲与张浚是旧交，陆游便热情地接待了张浚。张浚看到陆游有胆有识，就对陆游格外垂青。而陆游对张浚也很尊重，积极献计献策，支持他出师北伐。随同张浚来到镇江的还有一些年轻幕僚，陆游与他们意气相投，常常在一起讨论军国大事。他们的爱国热情和豪迈气概，也给予张浚很大的鼓舞。可惜的是，张浚派遣李显忠、邵宏渊讨伐金军，由于二人有矛盾，未能精诚配合，导致了符离之败。虽然张浚及广大将士并未灰心，而是重整旗鼓，准备再战，然而这次战役的失利却成了主和派反对北伐的借口。他们散布谣言蜚语，对张浚及北伐军进行肆意的攻击。在这种情况下，宋孝宗动摇了收复失地的决心，由支持主战转而主张妥协求和，投降派的势力卷土重来，重新掌握了朝廷大权。这一年，南宋与金国签订了丧权辱国的"隆兴和议"，张浚被解除兵权，不久病故，凡是支持张浚北伐的人都相继被调离、遣散或免职。乾道元年（1165年）陆游调任隆兴府（今江西南昌）通判，第二年又被投降派加上了"结交朋党，鼓吹用兵"的罪名，罢职回乡。

　　就这样，陆游从34岁初次走上政治舞台，到42岁被免职回乡，七八年间经历了仕途的坎坷，对黑暗的现实和腐败的朝政有了切实的体验。

七、通判夔州

　　乾道二年（1166年），陆游移居绍兴城南镜湖之滨的三山："忆自南昌返故乡，移家来就镜湖凉。"从此，陆游便定居于此，过着赋闲的生活。主和派的排斥，使陆游失去了为国效命的机会，他的心情十分苦闷。但陆游扪心自问，自己的言行光明正大，是为了国家的统一而奋斗，这又有什么过错呢？面对投降派的打击，陆游没有屈服，纱帽可以不戴，但嘴是无论如何也封不住的。投降派误国误民，虽然猖狂一时，但不会长久，不会有好下场，陆游对这些人投以鄙夷的目光：

　　十月江南未拥炉，痴蝇扰扰莫嫌渠。

　　细看岂是坚牢物，付与清霜为扫除。

　　　　——《十月苦蝇》

　　陆游在闲居期间，除了读书吟诗之外，也常投身到农村和大自然的怀抱中，他对故乡美丽的湖山风光和淳朴的民风民俗的感情越来越深。诗人以喜悦的心情和轻快的笔调描绘了一幅幅江南农村风情画：

　　莫笑农家腊酒浑，丰年留客足鸡豚。

　　山重水复疑无路，柳暗花明又一村。

　　箫鼓追随春社近，衣冠简朴古风存。

　　从今若许闲乘月，拄杖无时夜叩门。

　　　　——《游山西村》

　　转眼之间，四年过去了，陆游的子女渐渐长大，家庭负担越来越重，生活逐渐陷入贫困中，以至于靠野菜度日。在这种情况下，陆游没有别的出路，只希望得到一官半职，解决眼前的困难，同时也可以借此寻求立功报国的机会。

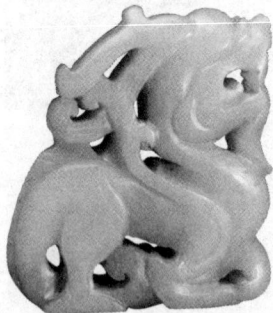

　　乾道五年（1169年）十二月六日，朝廷任命陆游为夔州（今四川奉节）通判，虽然被派到遥远偏僻的地方，陆游还是决定再次踏上坎坷不平的仕途。乾道六年（1170年）初夏，一个天气晴和的日子，陆游带

着家眷离开故乡山阴，前往临安，又经运河入长江，溯流西上，途经江苏、安徽、江西、湖北、湖南，于十二月二十七日到达四川夔州。一路上，诗人游览山川名胜，凭吊历史古迹，观察地理形势，了解民情风俗，这些都丰富了诗人的见闻，使他增长了知识，对他的诗歌创作是有着积极意义的。不久之后，陆游将这半年多的旅途生活，以日记的形式加以整理，写成了一部《入蜀记》，文字优美，保存了很多有价值的历史地理资料。

　　陆游在夔州的官职是左奉议郎通判军州主管学事兼管内劝农事，实际上仍是一名无足轻重的闲官。诗人远离故乡，僻处山城，交游稀少，难免有漂泊寂寞之感，加之强敌未灭，国耻未雪，壮志难酬，由此感到悲愤惆怅。不管走到哪里，陆游总是不忘国事，甚至在梦中都为国家的复兴出谋划策：

　　　　梦里都忘困晚途，纵横草疏论迁都。

　　　　不知尽挽银河水，洗得平生习气无？

　　　　　　——《记梦》

　　可见，陆游虽然曾因关心国事而一再遭到排斥和打击，但要他改变自己的态度和习惯却是不可能的。诗人在寂寞苦闷中，常常登山临水，在峰顶峡谷中寄托自己的情怀。恰巧的是，夔州是唐代大诗人杜甫晚年曾经寄居之地，有很多杜甫的遗迹。陆游在公务之余，常常来到杜甫的故居，凭吊这位爱国的诗人。对杜甫的推崇，也促进了陆游诗歌艺术水平的提高。

　　乾道七年（1171 年），陆游得了场大病，过了四十多天才痊愈，夔州的薪俸本来不多，加上任期快满，生活又陷入了贫困之中。他不得不考虑未来的生活，或是筹措路费回家，或是另谋一个职位。在陆游举棋不定的时候，传来了一个好消息：王炎出任四川宣抚使，并邀他到南郑的幕府中工作。陆游十分高兴，不等夔州任满便准备启程去赴新任，一年多的夔州生活就这样匆匆结束了。

八、从戎南郑

乾道八年（1172 年）正月，陆游把家属安顿在夔州，单枪匹马奔赴南郑。刚刚上路还有些寂寞之感："残年流转似萍根，马上伤春易断魂。"（《马上》）途中，陆游渐渐被迷人的巴山蜀水和淳朴的农家生活所吸引，胸怀也渐渐开朗起来。莺飞花开的早春二月，陆游来到川北重镇阆中，这时他的精神已经开始振奋。虽然此行能否实现"上马击狂胡"的志愿，尚且难以预料，但南郑乃是抗金前线，自己参加戎幕，投身军旅，这不正是自己梦寐以求的大好机会吗？他的眼前不时地闪现出希望的火花。

暮春三月，陆游经过长途跋涉，终于到达南郑。这时的陆游并未预料到，尽管自己的南郑军旅生活只有八个多月，但却是一生中最宝贵的时光。丰富的生活，火热的斗争，壮阔的场面，豪迈的气概，都使陆游的生命焕发出绚丽的光彩，对他的思想和性格的发展产生了极大的影响，对他的诗歌创作更具有决定性的意义。

南郑为汉中府治，当时是四川宣抚使驻地，形势十分险要。宋金战争中，它的战略地位更加突出，是南宋王朝西北前线的重镇。在此任宣抚使的王炎是一个才略奋发，有志于恢复中原的人，他来到南郑后，积极筹边治军，修筑营垒，同时又设置幕府，多方搜罗人才，为北伐进行准备工作。陆游与张季长等一些爱国志士同在幕府，很受王炎的器重，宾主关系十分融洽。陆游虽然没有实际兵权，但他认为这是收复中原的大好时机，而且自己又得到宣抚使的信任，因而精神振奋，斗志昂扬，工作非常积极。

初到南郑，陆游便注意观察这一带的山川形势、民情风俗和战略地位，并逐渐形成了以此作为北伐根据地的想法。九年前，陆游在任枢密院编修官时，曾主张在固守江淮的前提下，分兵进取山东，是想把战略重点放在江南地区。现在，陆游到了川陕前线，视野更加广阔，经历更加丰富，也吸取了张浚北伐的教训，因而改变了主张，产生了以西线

为主攻方向的战略思想，并提出了"先取关中次河北"（《送范舍人还朝》）的北伐行军路线。这说明陆游能够根据形势和条件的变化，不断修正自己的思想和主张。

为了做好北伐的准备工作，陆游受王炎的委托，经常亲临前线，深入下层，调查地形，检查战备状况，听取广大军民对北伐的意见。他脱去儒冠，身披铁甲，骑着战马，腰悬利剑，常常冒着严寒酷暑，踏上崎岖坎坷的山路，往来奔驰于四川陕西之间。他到过大散关、骆谷口、仙人原、金牛驿、定军山等前方据点和战略要塞。生活是紧张而艰苦的，但陆游以国事为己任，不辞劳苦，无所畏惧，感受到的是投笔从戎、为国效劳的无限乐趣。

这年夏天，陆游率领一支小分队，跋山涉水，日夜兼程，来到南郑东北前哨据点骆谷口视察。骆谷口在陕西周至县西南，距离长安不到一天的路程，是西北防线上的要塞。陆游看到军队阵营整肃、兵强马壮，战士们的斗志很高，心里十分高兴。他还登上烽火台，遥望长安，增强了收复中原的信心。秋初，陆游从骆谷口回到南郑，参加完王炎举行的阅兵后，立刻又到边防线上巡视去了。陆游和战士们攀登高入云天的悬崖峭壁，跨越危如累卵的古代栈道，横渡一道道急流险滩，行进在峰回路转的万山丛林中。在寒冬即将来临的时候，陆游扬鞭催马来到了大散关下。大散关在陕西宝鸡县西南的大散岭上，是秦蜀交通之要道，形势险要，易守难攻，正处于宋金西部分界线上，关下就是金人的阵地。陆游来到大散关上，俯视敌营，侦查金兵的动向，想到四十多年来国家的奇耻大辱，想到沦陷区人民遭受的无边苦难，更激起了他驱逐敌寇、收复中原的豪情壮志。

在南郑的日子里，不管寒暑阴晴，每当夜幕降临的时候，陆游总要登上城楼，等待从大散关和骆谷口传来的平安烽火。不看到平安烽火，陆游是不会回到营帐中去休息的。如果前方的情况不明，他又怎能解衣就寝，高枕无忧呢？

七月十六日夜，万里无云，月光如水，南郑城里一片寂静，只有城上的军号声在夜空中回荡。陆游整理好案上的文书，漫步走出营门，约了几位同僚幕友，一同登上南郑城楼西北角的高兴亭，一边等待平安烽火，一边饮酒赏月。

他们在银色的月光下，指点江山，遥望长安城南的终南山，想到国土未复、国耻未雪，禁不住泪如雨下，感慨万千。沉默一阵之后，陆游站起身来，即兴挥毫，写了一首《秋波媚》词：

秋到边城角声哀，烽火照高台。悲歌击筑，凭高酹酒，此兴悠哉。

多情谁似南山月，特地暮云开。灞桥烟柳，曲江池馆，应待人来。

读了这首新词，陆游的幕友们都很受感动，一致称赞他说出了千万人的心里话。大家表示绝不辜负中原人民的期望，争取早日出师北伐，从敌人的铁蹄下解救出被践踏蹂躏的祖国大好河山。陆游和他们相约，北伐成功后再携手灞桥，痛饮曲江。这时，他们对胜利是充满希望和信心的。

在南郑期间，陆游十分注意了解当地的民情风俗，对那里的节令气候，人民的劳动、生活以及语言习惯等都很关心。他感到汉中地区不但山川盘绕，占有地利之便，而且民众的气概豪健刚劲，有和敌人战斗到底的决心与勇气，是可以信赖和依靠的。为了广泛结识抗金义士，陆游常常到街巷村落里去进行访问。无论是商贾剑客还是渔樵僧道，只要愿意抗金，他便视为知己，引为同道，和他们一起讨论复国大计。对于从沦陷区逃亡到川陕一带来的"遗民"和侠士，陆游予以特别的关注，对他们的遭遇和处境深表同情："忆昔从戎出渭滨，壶浆马首泣遗民。"（《忆昔》）每当这时，陆游总是主动下马，和流离失所的难民们握手交谈，共叙骨肉同胞之情。陆游了解到，中原人民虽然处于水深火热中，但他们心向宋朝，日夜盼望王师北伐，不甘心于做亡国奴。他们冒着生命危险，穿过重重封锁，给南宋将士捎来了洛阳的竹笋、黄河的鲂鱼，送来了一封封敌军的情报，以表示不忘故国的深情。这些感人的事迹使陆游受到深刻的教育。从此，"遗民"的形象常常出现在他的作品之中。

在与王炎商议后，陆游通过中原难民和关中义士与敌后的抗金势力和金军中的汉族将士取得联系，并建立了一个传送情报的机构，负责把敌占区的动态报告给宣抚司。经过一番调查研究，陆游对当时的敌我态势和汉中地区的情况都有了一定的了解。他认为川陕一带具备许多有利条件，可以作为进军中原、光复国土的根据地。王炎和他的幕僚们也都同意陆游的看法，大家勉励陆游尽快草拟一份驱逐金人、收复中原的战略计

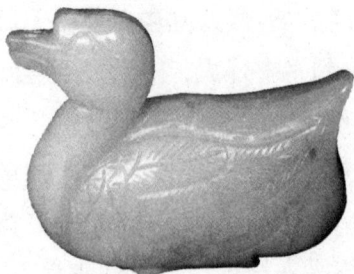

划。"诸公勉画平戎策，投老深思看太平。"（《登剑南西川门感怀》）陆游的"平戎策"的要点是：收复中原必须先取长安，取长安必须先取陇右。当前要集中精力进行备战，平时广积粮草，加强军事训练，一有机会就发动进攻，如果时机未到则要坚持防守。

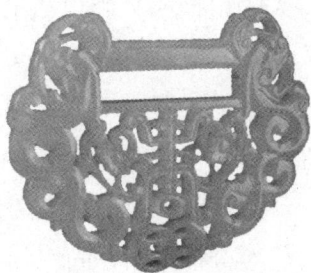

虽然王炎同意陆游的"进取之策"，但策略能否贯彻施行，他也做不了主，而必须呈报朝廷，等待批示。但此时的宋孝宗早已安于现状，无心北伐了。所以陆游的北伐计划送到临安后，就如同石沉大海，没有丝毫的反响。

陆游和前线的将士们天天盼望着从临安传来消息，可是始终不见回音。北伐的准备工作不得不停顿下来，宣抚司往日那种忙碌紧张的气氛逐渐消失了。身居幕府的陆游和同僚们无事可做，只得以饮酒、打猎来消磨时光。打猎，本来就是宋朝的士大夫最喜爱的一项运动，陆游也不例外。现在既然"狼烟不举""军中无事"，自己与大家一起到围猎场中消遣，也不失为诗人体验生活的好机会。

秋高气爽，正是打猎的大好时光，围猎场上常常能够看到陆游和同僚们打猎的身影。他们手牵猎犬，臂擎苍鹰，或纵马于细草平郊之上，或穿行于深山密林之中。陆游在围猎中曾登上中梁、孤云、两角等高山，涉过漾水、沮水、嘉陵等江河，南郑周围二三百里内差不多都留下了他的足迹。

乾道八年（1172年）九月九日，正值重阳佳节，幕友范西叔奉诏离开南郑到他处任职，陆游和同僚们为他设宴饯行。送走范西叔后，陆游等人乘着酒兴，驰马来到南郑城西十五里处的中梁山下，射猎寻乐。他们还登上山顶的中梁寺，平高眺望，只见满山红叶，秋意正浓，远处的汉水像一条银链，在夕阳中闪着粼粼波光，绕过古城南郑向东流去。夜色降临，猎手们的雕鞍上挂满山鸡、狐兔，踏着月色，尽兴而归。

这一年的秋末冬初，陆游在围猎场上遇到了一个大显身手的机会。同行的猎手们在围猎场上看见了一只猛虎，三十多人都被这山中之王吓得面无血色，纷纷拨转马头，四散逃命。陆游闻讯策马赶来，挺身而出，与猛虎展开了搏斗。陆游花了十年功夫学来的剑术派上了用场，左挥右挡，剑影翻飞，几个回合之后，只听一声低吼，老虎倒在了地上，陆游的利剑已深深刺进了它的心窝，而诗人的白袍和貂裘也沾上了老虎的鲜血。刺虎的壮举很快在军营内外传开了，人们都称赞陆游不愧是文武双全的奇才。陆游也认为南山刺虎是自己平生最感快意之事，所以一直把那件溅血的貂裘和那张虎皮保存在身边。诗人晚年常常在风雪之夜，孤灯之下，回首往事，写下一首首追忆当年拔剑刺虎的诗篇：

挺剑刺乳虎，血溅貂裘殷。

至今传军中，尚愧壮士颜。

——《怀昔》

刺虎腾身万目前，白袍溅血尚依然。

圣时未用征辽将，虚老龙门一少年。

——《建安遣兴》

南郑是一座古城，附近有许多名胜古迹。闲暇时陆游常常邀上二三好友，四处寻访古人遗踪。汉水之滨的刘邦庙、韩信拜将坛、三泉道上的老君洞等地方都留下了他的足迹。在路过广元县北的筹笔驿时，陆游特地去拜谒了诸葛亮的祠堂。相传诸葛亮六出祁山时曾驻军筹划于此，后人因而筑祠表示纪念。陆游下马入祠，仰望孔明塑像，遥想当年诸葛丞相坚持北伐，鞠躬尽瘁，死而后已的精神，不由得肃然起敬，频频拜礼，并挥笔赋诗道：

运筹陈迹故依然，想见旌旗驻道边。

一等人间管城子，不堪谯叟作降笺。

——《筹笔驿》

同年十月，陆游在阆中游览了锦屏山上的少陵祠堂，对伟大诗人杜甫表示了敬仰和怀念之情："文章垂世自一世，忠义凛凛令人思。"（《游锦屏山谒少陵祠堂》）陆游寻访古迹，目的不仅在游山玩水，更是为了用古代先贤烈士们的优秀品德和崇高精神来鼓舞自己。所以他每到一处，总是要赋诗抒怀，记下自己的收获与体会。"考古时兴感，无诗每自惭。"（《顷岁从戎南郑屡往来兴凤间暇日追怀旧游有赋》）

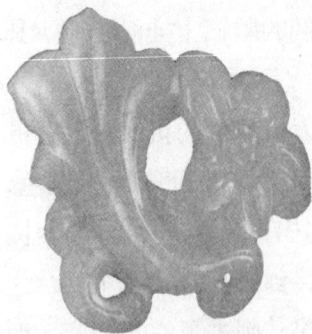

正当陆游在南郑前线跃马横戈，策划北伐的时候，朝廷决定调回王炎，解散幕府。很明显，这实际上就是否决了由陆游起草、经王炎同意，向南宋政府呈报的北伐计划。这正是："大散关上方横戈，岂料事变如翻波。"事情发生得太突然，出乎陆游的意料。召回王炎的命令送达南郑的时候，陆游正因公外出。十月十三日他离开阆中返回南郑，行至广元以东的嘉川铺，宣抚司的驿马送来事态变化的消息，催他尽快回去。陆游接到通知，冒着十月寒霜连夜匆匆启程：

　　黄旗传檄趣归程，急服单装破夜行。

　　肃肃霜飞当十月，离离斗转欲三更。

　　酒消顿觉衣裳薄，驿近先看炬火迎。

　　渭水函关元不远，著鞭无日涕空横。

　　——《嘉川铺得檄遂行中夜次小柏》

　　当陆游进入汉中境内的时候，愈加感到事情不妙，几个月来辛勤的工作都白费了，恢复中原的希望又化成了泡影，不由得使他感到无限的忧愁和悲怆。陆游回到南郑幕府后，王炎已经起程赴京，同僚们也都先后离去，各奔东西。他也只得收拾行李，准备南下成都。陆游的家属在八月间离开夔州投奔他，这时刚到南郑不久，还没有得到充分的休息，一家老小又匆匆忙忙地踏上了旅程。

　　从戎南郑使陆游的诗歌创作发生了巨大变化，他从模拟前人走上了以反映现实生活为主的广阔道路。作品的内容更加丰富多彩，也逐渐形成独特的艺术风格。从这时开始，陆游才真正懂得了"诗家三昧"，掌握了作诗的诀窍。他深深地体会到：只有投身到生活的激流里，才能获得无穷无尽的创作源泉。这段从军生活，虽未能达到杀敌报国的目的，但却并非虚度岁月，它使陆游的诗歌进入了一个新的时期。在他漫长的创作历程中，意义是十分深远的。

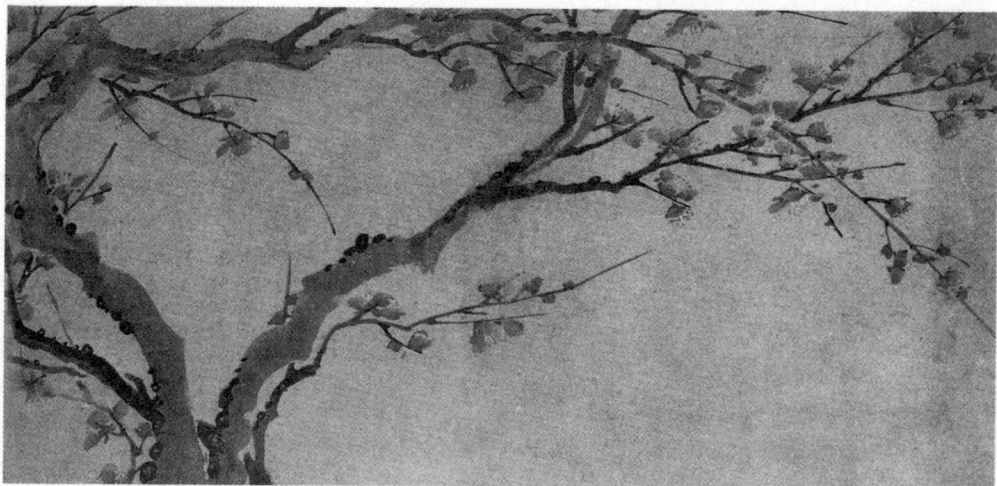

九、漂泊巴蜀

乾道八年（1172 年）十一月二日，陆游怀着怅惘的心情，带着家眷离开汉中，前往成都。"渭水岐山不出兵，却携琴剑锦官城。"（《即事》）一位决心驰骋沙场的豪杰志士，被迫脱下身上的战袍，放下手中的杀敌武器，离开战斗岗位，到后方去做一名无所事事的"闲官"，又怎能不感到痛苦和愤慨呢？当陆游在细雨中，骑着毛驴，经过剑门关时，不禁发出了深沉的感叹：

衣上征尘杂酒痕，远游无处不消魂。

此身合是诗人未？细雨骑驴入剑门。

　　　　——《剑门道中遇微雨》

杀敌报国的机会来到了，又迅速地失掉了；收复中原的希望出现了，转眼间又破灭了。陆游在深深的失望和愤懑中，对自己未来的生活道路产生了疑问：难道我这一生注定了只能做一个驴背行吟的诗人吗？他不愿意放下手中的武器，但朝廷无意北伐，他也无可奈何，只得愤愤不平地离开了前线。

残冬时节，陆游在萧瑟的寒风中到达成都，开始了他漂泊巴蜀的生活。名义上，他担任的是成都府安抚使参议官，但实际上这只是一个空衔，没有具体的工作。陆游用诗句描写当时的处境是："冷官无一事，日日得闲游。"（《登塔》）被迫撤离前线，对陆游的打击已经很沉重了，在成都无所事事，更使他感到消沉。于是，陆游打算全家在成都稍事停留后，就离蜀东归，回到家乡过隐居生活。正当他准备买船顺江而下时，又被任命为蜀州（今四川崇庆）通判。乾道九年（1173 年）春天，陆游离开成都去赴任。到了蜀州，生活依然闲闷无聊，只好以赏花、饮酒、赋诗来消磨时光。这一年的夏天，陆游又来到嘉州（今四川乐山）任代理知州。嘉州为蜀中的名胜之所，青衣江、大渡河、岷江在此汇合，山明水秀，风光佳丽，还有很多文物古迹。陆游很喜欢这里，常常登山临水，饱览这里旖旎的自然风光，尤其是岷江左岸的凌云山和大佛寺一带，更使他流连忘返，赞叹不已。

除了游览风光，陆游在这一年的八月二十二日，还参加了一次盛大的军事检阅。他虽然只是代理知州，但对有利于国防的工作总是很积极热情。陆游穿上军装，骑着骏马，检阅着一队队的蜀中健儿。挥戈杀敌、澄清中原的伟大理想又在鼓舞和召唤着他。诗人兴奋地写道：

陌上弓刀拥寓公，水边旌旆卷秋风。

书生又试戎衣窄，山郡新添画角雄。

早岁枢庭虚画策，晚游幕府愧无功。

草间鼠辈何劳磔，要挽天河洗洛嵩。

——《八月二十二日嘉州大阅》

陆游在嘉州的生活是丰富的，心情也比初离南郑时好多了。但每每在夜深人静的时候，他就会想起当年学剑游侠和从戎南郑的生活，想起战友们一片忠心、为国献身的豪情壮举。当他想到不能在前线杀敌卫国，只能在蜀中流连光景、虚度岁月时，就会感到无比的痛苦和悲哀。在这时，陆游往往打开大散关的前线地图，注目观看，或者干脆拿着军刀，来到郊外的一座小山上尽情挥舞，以抒发内心的愤懑，更多的时候，他用诗篇来抒发自己的情感。陆游在嘉州所写的爱国诗篇有很多，著名的有《观大散关图有感》《金错刀行》《闻虏乱有感》《言怀》《胡无人》等。这些诗篇大都写得慷慨激昂，表现了陆游对敌人的蔑视，对争取抗金胜利的信心，艺术感染力都比较强。

陆游少年时就很喜欢唐代边塞诗人岑参的作品，认为岑参是可与李白、杜甫并称的一位大家。岑参曾做过嘉州刺史，这一带还流传着他的一些遗诗。陆游来到嘉州后，把这些诗篇搜集起来，编为《岑嘉州诗集》，并亲自作跋付印。他还在嘉州官舍的西斋小山堂的墙壁上，画了一幅岑参的像，以表示崇敬怀念之情。陆游推重岑参，主要是由于岑参从军西北时所写的一些气魄雄伟、满怀豪情的边塞诗，引起了他的共鸣。陆游多么希望能像唐代边塞诗人那样，随军出征，驰骋疆场啊！

淳熙元年（1174 年）春天，陆游离开嘉州返回蜀州，以通判的身份代理知州。当权者对他毫不重视，调来调去，名分不定，陆游当然就无法有所作为。他对自己所处的地位感到非常可笑，但又摆脱不了官场的羁绊，心情是十分矛盾的。可做的事情既然不多，陆游只好依然把光阴消磨在湖山禅林之间。蜀州的东湖和西湖，城外的翠围山、化成山，以及一些著名的寺院，都是陆游栖迟吟咏之所。他表面上过着悠闲舒适的生活，但内心却极不平静，常常在诗酒之余发出深沉的慨叹："岂其马上破贼手，哦诗长作寒螀鸣?"（《长歌行》）杀敌的壮志，战士的豪情，像一支不灭的火炬，在他胸中燃起熊熊的烈火。清晨，他推枕而起，首先想到的是沦陷区的大好河山；深夜，他在灯下阅读兵书，眼前出现的是中原人民盼望宋军北伐的殷切目光。眼前事业未能如愿，陆游只得寄希望于未来。

淳熙元年（1174 年）冬天，陆游又被派到荣州（今四川荣县）去代理州事。一家大小风尘仆仆，于十二月刚刚在荣州落脚，准备欢度除夕时，陆游又接到了四川制置使的通知，让他担任朝奉郎、成都府参议官，还催他尽快赶回成都赴任。一家人只得又匆匆踏上旅程。

淳熙二年（1175 年）正月十日，陆游离开荣州回到成都。不久，范成大由桂林来成都任四川制置使。范成大字至能，号石湖居士，也是当时著名的诗人，和陆游是老朋友。现在虽然二人地位不同，但他们之间的情谊很深，又都喜欢作诗，所以公事之余，他们常常在一起饮酒赋诗、唱和赠答，成为一时佳话。可是再悠闲的赏花、饮酒、听歌、观舞也无法消磨掉陆游心中壮志难酬的苦闷，他只是把随俗浮沉、纵酒寻乐的生活当成是对黑暗现实的一种消极反抗，而内心里，一直没有忘记国家的危难和自己的责任，就像他在诗中说的那样："浮沉不是忘经世，后有仁人识此心。"（《书叹》）但不是每个人都能理解诗人的痛苦，陆游的一些政敌就毁谤他"宴饮颓放"，使陆游遭到免职。

陆游似乎已经预见到这一点，并没有为自己申辩，对自己受到的诋毁和贬黜，他只是付之轻蔑的一笑。他在成都近郊浣花溪畔租了几间房子住下，并开辟了一个菜园，躬耕其间。为了回应小人的诋毁，陆游索性给自己起个号叫"放翁"，以彰显他桀骜不驯的倔强性格。决心杀敌报国的志士，竟然成为了点缀风雅的诗人，陆游感到十分茫然和愤懑。他真想从此退隐山林，不问世事，但对国家民族的强烈责任感，又使他打消了这种念头。陆游在成都的岁月，大半都是在这种矛盾和苦闷的心情中度过的。

淳熙五年（1178年）的春天，陆游接到朝廷的诏令，让他回京等待复职。据说，这次起用，是因为陆游在蜀中所作的诗传到了临安，宋孝宗读后很感动，才有了这道诏令。这一年的二月，正值春暖花开时节，陆游离开成都，乘船东归。在告别巴山蜀水之际，诗人颇有恋恋不舍之情。川陕九载，虽未找到报国的机会，未实现收复中原的理想，但陆游的诗歌创作发生了巨大的转变。为了纪念这段难忘的岁月，后来，陆游将他的诗集定名为《剑南诗稿》。

137

十、江西赈灾

淳熙五年（1178 年）秋天，陆游从四川到达杭州，孝宗召见了他，任命他为提举福建常平茶盐公事。这年冬天，陆游怀着为国效劳的渺茫希望，离开临安，再次入闽。从春天离开成都以来，陆游的大部分时间都花费在旅途之中，行程九千余里，但他并不因长期跋涉奔波而感到劳苦，使他抑郁悲伤的是，南归的大雁没有带来中原的消息："无情最恨寒沙雁，不为愁人说杜陵。"（《衢州道中》）不管走到哪里，诗人的心总是系念着祖国的北方。

到了建安（今福建建瓯），陆游觉得工作仍然不称心，不能施展自己的才智和抱负，他的心情依旧十分郁闷。南宋统治者这次调动陆游的工作，并非要重用他，不过是借诗人的声誉点缀一下"太平景象"而已。陆游在建安任上，除了赋诗饮酒外，也没有多少事情可做：

建安酒薄客愁浓，除却哦诗事事慵。

不许今年头不白，城楼残角寺楼钟。

——《建安遣兴》

在这种慵散愁闷的处境里，陆游常常回忆起川陕前线的生活：

貂裘宝马梁州日，盘槊横戈一世雄。

怒虎吼山争雪刃，惊鸿出塞避雕弓。

朝陪策画清油里，暮醉笙歌锦幄中。

老去据鞍犹矍铄，君王何日伐辽东。

——《忆山南》

一提起从戎南郑的往事，陆游就精神倍增，时刻准备重返前线，为光复国土献出自己的一切。可是，在西子湖畔养尊处优的孝宗能听到"君王何日伐辽东"的呼号吗？恐怕即使听到了，也只不过当作一阵耳旁风罢了。

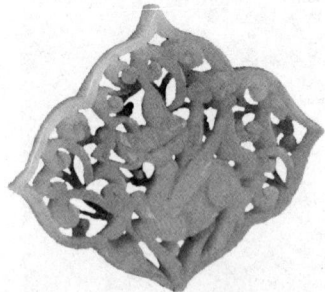

淳熙六年（1170 年）秋天，陆游奉诏离建安任。他取道建阳、崇安北归，过江西铅山、玉山，来到衢州等待另外的任命。途中，陆游游览了武夷山、鹅湖寺等名胜，赋诗抒怀，多次表达杀敌报国的决心和要求。到达衢州后不久，陆游就接到诏书，派他到江西抚州任职。十二月，陆游来到了抚州。

在抚州，陆游的职务有所提升，主管一地的钱粮仓库和盐茶专卖等事，但仍然是用非所长。尽管如此，陆游没有消沉下去，而是恪尽职守，尽力在自己的职权范围内为百姓做一些有利的事。当时江西一带，生产凋敝，田园荒芜，人民生活痛苦不堪。淳熙七年（1180年）四五月间，江西各地天气亢旱，庄稼受到严重威胁。陆游曾和当地群众一起求雨，虔诚地祷告上天降下甘霖，终于在五月中旬开始降雨。陆游眼看丰收有望，欣喜地与百姓共同庆祝。可谁知天公偏不作美，一连十多天大雨滂沱不止。山洪暴发，江河水涨，千顷农田变成了一片汪洋。一座座村庄被洪水淹没，百姓只好逃到山上去避难，生活更加困难了。陆游看到人民遭受天灾浩劫，不愿坐视不管，毅然决定打开江西官府的常平仓，通知各州县立即向灾民发放救济粮食。陆游不仅积极指挥救灾工作，而且不辞辛苦地亲自驾着小船把粮食送给被洪水围困在山丘上的灾民们。由于救灾工作比较及时，在一定程度上减轻了灾民的苦难。这年冬天，陆游到下属的地区视察，一路上他看到灾区百姓的生活仍很困难，心中十分不安。他要求地方官吏应体恤民众的困苦，施政要以宽大为本。

然而，正因为陆游同情人民的苦难，把囤积在官仓中的粮食用来救灾，他遭到了朝廷中迂腐官僚的攻讦。当权者既不让陆游在前线杀敌立功，也不容许他在后方为民谋利。他们宁肯让官仓中堆积如山的粮食被老鼠糟蹋，也不准地方官越级用粮食赈济灾民。面对生活苦难的灾民，陆游不计个人利害得失，先斩后奏，下令开仓放粮，救活了千万百姓，这本来是一件应当予以肯定和表彰的事。可当权者丝毫不考虑灾情的紧急，以"逾越规矩"、擅自行动的借口弹劾、排挤陆游，最终使陆游遭受到罢免职务的处分。可以想象，如果陆游谨守规矩，等待朝廷批准后再开仓济民，那么被困在各地山冈上的灾民恐怕早已白骨遍野了。江西赈灾一事，既表现了陆游同情人民的一贯态度，也反映了他办事果断、敢作敢为的风度。

陆游虽然被罢了官，但他并不感到遗憾。北归途中，诗人以坦然的心情写道："素衣已免染京尘，一笑江边整幅巾。"（《萧山》）回到山阴故居后，陆游又赋诗道："侠气峥嵘盖九州，一身常耻为身谋。……阳狂自是英豪事，村市归来醉跨牛。"（《西村醉归》）这不仅是抒发个人的心志，也是对那些攻讦者的回击。

十一、再度被逐

淳熙七年（1180 年）冬天，陆游罢官回乡，此后五年多的时间，他一直闲居在家。诗人虽受到打击，但忧国忧民之情并未衰减。在这段时间里，他写了许多激越飞腾、雄健豪迈的爱国之作，寄托了诗人立功边塞、收复中原的豪情壮志：

腰间羽箭久凋零，太息燕然未勒铭。

老子犹堪绝大漠，诸君何至泣新亭！

一身报国有万死，双鬓向人无再青。

记取江湖泊船处，卧闻新雁落寒汀。

　　　　——《夜泊水村》

遗虏游魂岂足忧，汉家方运幄中筹。

天开地辟逢千载，雷动风行遍九州。

刁斗令严青海夜，旌旗色照铁关秋。

功名自是英豪事，不用君王万户侯。

　　　　——《闻虏政衰乱扫荡有期喜成口号》

淳熙八年（1181 年），浙东地区大水成灾，山阴一带灾情十分严重。无数百姓流离失所，卖儿鬻女，尸横遍野，到处都是惨不忍睹的景象。陆游忧心如焚，坐卧不宁，很想为家乡百姓做些解危济困的事。他并没有因为自己一年前因赈灾被免职而退缩，反而积极地呼吁官场中的故人旧友了解民情，解除民困。当他听说故人朱熹被任命为提举浙东常平茶盐公事，负责救灾工作时，就立刻写诗寄给朱熹，催他及早赶来赈济百姓，还劝朱熹宽免灾区的赋税，使百姓能得到一个休养生息的机会。当朱熹受到官僚的排挤打击时，陆游又写了书信和诗歌寄给他，勉励、期望朱熹不计私利，以百姓为重，坚持做对百姓有利的事。

在陆游闲居了五年多以后，朝廷决定再次起用他。陆游于淳熙十三年（1186 年）的春天被任命为朝议大夫、权知严州军州事。赴任之

前，他奉诏入朝，孝宗在延和殿召见他，说："严州是个山水名胜之地，你公事之余，可以作作诗，消遣一下。"可见，皇帝虽然恢复了陆游的官职，可并不想重用他，更不想让他施展才能抱负，只不过把他看成一个附庸风雅、点缀升平的诗人而已。

这一年的七月，陆游到达严州。在这里，他看到的依然是官吏贪暴，豪强肆虐，天灾人祸，民不堪命。陆游深感作为一州之长，不应该让这种悲惨的现象出现在自己的辖地。他到任不久，就提出了减轻赋税、广施救济的施政方针，同时采取各种措施发展生产，救灾安民。一年多以后，严州地区果然发生了可喜的变化，庄稼获得丰收，百姓生活有了改善，所辖县区没有流亡的人口。以至于陆游离任很长时间以后，当地的百姓还在感念着他的仁政，深深地怀念着他。

淳熙十五年（1188 年）七月，陆游任满离开严州，回到故乡山阴待命。冬天又接到朝廷的通知，调他入京任军器少监，主管兵刃甲弩之类的制造和修缮。陆游自入仕以来，经历了三十多年的宦海风波，再次进入南宋王朝中央政权，他把这看作是实现自己爱国抱负的最后机会。因此，陆游在重返临安之后，又开始积极地从事政治活动。此时，正值孝宗禅位于光宗，新皇帝登基之时。陆游便向宋光宗提出了一系列有关治理国家、完成北伐大业的意见和建议。

在内政方面，陆游认为最尖锐的问题，是劳动人民的生活太贫困。他主张当前必须减轻赋税，改善贫苦百姓的处境，这是一切政事的首要任务。这种认识是很深刻的，击中了当时社会的要害。南宋政府的收入，对内要供以皇帝为首的统治者挥霍，对外还要向金国支付高额的岁币来保住暂时的安宁，所以对百姓的剥削极其苛刻，除正常的租赋外，还有所谓的经制钱、月桩钱、版帐钱、身丁钱等名目繁多的苛捐杂税，人民负担异常沉重，贫富对立极为尖锐。因此，陆游把减轻赋税，救民之贫，放在一切工作的首位。他还要求朝廷惩治贪官，抑制豪强，多多考虑贫苦百姓的利益，制止官吏豪强任意欺凌他们，减轻对他们的剥削和压迫。陆游认为，只有推行这种"至平至公"之道，才能达到天下大治。虽然，他的政治理想只是一种空想的乌托邦，在当时是不可能实现的，但却表现了陆游对被压迫、被剥削人民的深刻同情。

在军事方面，陆游回顾了六十多年来宋金战争的历史，认为金国统治者灭亡宋朝的野心未死，目前这种"守和"的局面是不可能持久的。既然战争不可避免，朝廷就应当做好应变的充分准备，否则就会重蹈当年不战自溃、狼狈败退的覆辙。陆游批驳了当朝士大夫的侥幸心理和投降派的种种苟安妥协论调，认为边境的防备，在无事时觉得多余，而在有战事时，就会发现准备不足了。他恳切地向皇帝提出建议，希望皇帝以国事为重，不拘一格选拔人才，修整军备，统一号令，严明赏罚。这样一旦战争爆发，朝廷就可有备无患，更可乘势长驱北伐，平定河洛，完成统一祖国的大业。

针对当时统治集团文恬武嬉、士气萎靡的现实，陆游提醒光宗要注意鼓舞士气、振作精神，使全国上下养成一种浑厚劲朴、百折不挠、敢于压倒一切困难的雄健刚劲之气。陆游非常重视精神力量的作用，认为"天下万事，皆当以气为主"，还说"气胜事则事举，气胜敌则敌服"。如果缺乏这种精神力量，在困难和敌人面前解除自己的思想武装，听任苟且偷安、妥协投降的情绪弥漫朝野，那国势必将日益衰落，收复中原、重整山河就没有希望了。

在光宗召见群臣时，陆游还直言劝谏光宗仿效古代的圣明君主，要广开言路，听取各方面的意见，处理事情应当慎重。他还劝告皇帝应带头奉行节俭，量入为出，能俭省的一概俭省，戒掉一切玩物丧志的不良嗜好，以杜绝小人的谄媚之风。

可惜的是，陆游的意见虽然很深刻、很中肯，但丝毫也没有被采纳。光宗即位之后，并没有心思去改变现状，对陆游的劝谏当然不愿意接受，心里还有一些反感。陆游见自己的忠言未被采纳，愤懑之下，往往就把自己的爱国之心和对小人当权的愤慨灌注到一篇篇诗歌中去。这些爱国诗篇触怒了当权者，他们以此为借口，纷纷攻击陆游，给他加上了"嘲咏风月"等罪名。终于，在淳熙十六年（1189 年）冬天，陆游被谏议大夫何澹弹劾，再次落职罢官。这一年的十二月，陆游离开京城返回故乡山阴，针对当权者的无理指责，他幽默地把自己的书房命名为"风月轩"，以表示对诬陷者的抗议和反击。从此，他断绝了对南宋统治集团的幻想，但忧国忧民之心一如既往，并未因自身受到政治迫害而稍有改变。

十二、暮年岁月

陆游的晚年，除嘉泰二年至三年（1202—1203年）曾一度到临安参加编修国史外，大部分时间都是在故乡农村中度过的。

陆游回到家乡，和那些满载名利、衣锦荣归的官僚们不一样，他是被朝廷罢官放逐回来的。由于他与南宋政府多次发生政治分歧，一再受到弹劾免职，所以从前的一些旧交害怕受到牵连，就不再继续和他交往，有的人甚至借机造谣中伤，变成了仇敌。统治者企图孤立陆游，但他们并没有得逞，疏远陆游的只是豪门贵族和少数趋炎附势之徒，而家乡的广大群众却欢迎他、爱戴他，把他当作亲人一样看待。一次，陆游病后闲步出游，乡亲们听说诗人久病初愈，都高兴地迎上前去，问寒问暖，表示慰问。面对这种情景，陆游深深感到官场冷酷无情，乡亲们可爱可亲，于是写了一首七律表达自己的心情：

放翁病起出门行，绩女窥篱牧竖迎。

酒似粥醲知社到，饼如盘大喜秋成。

归来早觉人情好，对此弥将世事轻。

红树青山只如昨，长安免拜几公卿。

——《秋晚闲步》

这种亲密的关系，是逐步建立起来的。陆游虽然一向比较关心民生疾苦但由于长期在外地做官，他对家乡百姓的生活、思想和感情都不够了解。回到农村后，他很想缩短自己和周围群众之间的距离，感到应当参加一些力所能及的劳动，让自己的"书生习气"变淡一些。于是，陆游常常出现在田间地头，或在家中从事一些辅助性的劳动。他还把自己的田舍，重新做了一番安排，在房屋周围开辟出桑园菜地，还筑起了一座鱼塘。他逐渐体会到了劳动的乐趣，决心终老田园。"出入阡陌间，终身有余乐。"（《村舍杂书》）对于乡亲们的请求，陆游是有求必应，尽可能地替乡亲们做些事情。每当农忙时节或乡亲们遇到吉庆喜事的时候，陆游也总是要带上一点礼物，主动去表示慰问和祝贺。来往多了，陆游和乡亲们的关系也就日益密切起来，他常常和附近一些有经验的老农讨论耕种之事，商量协作筑塘，引水灌溉，争取丰收。

农闲之时，陆游或拄着藤杖，或骑着毛驴，到周围的村子里去游玩。他也常趁此机会替村民们看病、施药，做些有益的事情。因此，无论他走到哪里，都会受到当地男女老幼的热烈欢迎和盛情款待。这一切，都被陆游以兴味盎然的笔触写进了诗中：

耕佣蚕妇共欣然，得见先生定有年。

扫洒门庭拂床几，瓦盆盛酒荐豚肩。

驴肩每带药囊行，村巷欢欣夹道迎。

共说向来曾话我，生儿多以陆为名。

——《山村经行因施药》

野人知我偶闲游，取酒匆匆劝小留。

舍后携篮挑菜甲，门前唤担买梨头。

——《东村》

陆游在农村交友很广，常与农民、牧童、樵夫以及僧侣、道士等打交道。他和这些穷朋友在一起讨论时事，饮酒谈心，相处得十分融洽。在长期的熏陶和感染中，陆游的情感逐渐向乡亲们靠拢，百姓们感到高兴的事，他也为之高兴；百姓们感到忧愁的事，他也为之忧愁。庆元四年（1199 年）春末夏初，山阴一带久旱不雨，田野里禾苗日渐枯槁，百姓们忧心如焚。这时已 75 岁的老诗人也十分焦急，坐卧不宁。一个又一个不眠的夜晚，陆游独自披衣携杖蹀出房门，仰观天象，盼望早降甘霖。盛夏六月的一天，大家终于盼来了一场及时雨，庄稼得救了。村中的男女老少都笑逐颜开地来到雨地里，载歌载舞，感谢上苍，预祝年岁丰收。此时的陆游，在窗前听着雨声，抑制不住欣喜之情，提起笔来，一首《喜雨歌》一挥而就，酣畅淋漓。

陆游在家乡既看到了农民勤劳淳朴的生活，也目睹了被压迫、被剥削人民的深重苦难。他强烈谴责官府和豪绅互相勾结，鱼肉劳动人民的罪行。"有司或苛取，兼并亦豪夺。正如横江网，

一举孰能脱！"（《书叹》）对百姓们憎恶和反感的现象，也常常加以嘲讽和斥责。庆元五年（1200年）春天的一个夜晚，陆游夜行途中路过一家大地主的宅院，他从门外看到深院之中，灯红酒绿，酣歌醉舞，闹得乌烟瘴气。诗人顿时产生了一种强烈的憎恶之情，回到家中立即提笔赋诗，对这种奢侈行为进行辛辣的讽刺：

村豪聚饮自相欢，灯火歌呼闹夜阑。

醉饱要胜饥欲死，看渠也复面团团。

——《夜行过一大姓家值其乐饮戏作》

诗中生动形象地刻画了富豪们脑满肠肥、醉生梦死的丑态，对这些盘踞在乡村中、有钱有势的吸血鬼挥霍无度，不顾黎民百姓的罪恶行为进行了无情的揭露和谴责。年轻气盛时，陆游也曾有过纵情豪饮的生活经历，但回到农村后，他深深感到，在豪门大户奢侈豪华生活的背后，无数穷苦百姓正挣扎在饥饿的死亡线上。诗人思想的转化，正来自于对现实的深刻体察。

陆游罢官之后，虽然自视身为"野老"，但他始终关心着国家大事。他时常阅读邸报（我国古代刊载朝廷诏令奏章和重要新闻的一种政府报章），并通过各种渠道了解当时的形势和中原的情况。南宋当局罢免陆游，本来是企图施加压力，不许他再写诗议论朝政。然而他们打错了算盘，陆游虽然丢了乌纱，却丝毫也没有屈服，仍然不断写诗评议现实，批判投降政策：

百战元和取蔡州，如今胡马饮淮流。

和亲自古非长策，谁与朝家共此忧。

——《估客有自蔡州来者感怅弥日》

在罢官闲居的岁月里，陆游年事已高，生活也不宽裕，但是诗人并不悲哀，气概仍然十分豪迈，还在梦想着能为国家出力，重返前线，去抗击敌人。绍熙三年（1192年）冬天，一个风雨交加的夜晚，诗人独卧山村故居，想到中原未复，国耻未雪，心潮起伏难平。夜阑人静的时候，他在飒飒的风雨声中合眼入睡，在梦境中跨着战马，手挽长枪，奔驰在冰封雪飘的北国大地上：

僵卧孤村不自哀，尚思为国戍轮台。

夜阑卧听风吹雨，铁马冰河入梦来。

——《十一月四日风雨大作》

像这样的战士之梦，陆游一生不知做了多少次，这类记梦诗抒发了作者不可遏止的爱国激情。正如陆游自己所说，"梦不出心境"，由于他的心始终没有离开中原，他的梦才时时萦绕着祖国的大好河山。陆游的晚年，正是在这种现实与理想的矛盾中度过的。

陆游罢官居乡的这段时间，南宋统治集团内部矛盾愈演愈烈。绍熙五年（1194 年）宫廷矛盾表面化，太上皇孝宗病故，宋光宗称病不肯居丧，闹得满城风雨，议论纷纷。知枢密院事赵汝愚与知阁门事韩侂胄等密谋，借皇太后之手废除光宗，立太子赵扩为帝，是为宋宁宗。宫廷纷争虽然暂时解决了，但当权的各派官僚之间又展开了争权夺利的激烈斗争。韩侂胄为了独揽大权，把反对他的赵汝愚、周必大、朱熹一派定为"伪党"，一一加以贬黜和流放，这就是所谓的"庆元党禁"。陆游从国家的大局出发，认为这种结党营私、争权夺利的斗争，误国误民，不利于国家的统一大业，因而一再赋诗加以谴责。可见，陆游判断是非的标准，不是个人得失和小集团的利益，而是国家民族的前途和命运。凡是有利于收复中原、统一祖国的事，他就予以支持，否则即加以反对。所以，后来当韩侂胄主张北伐收复中原时，陆游就从相同的立场出发，对他采取了支持与合作的态度。

嘉泰二年（1202 年），陆游以 78 岁的高龄扶衰入都，主持修撰孝宗、光宗两朝历史的工作。在此期间，陆游应韩侂胄之请，先后为其作《南园记》和《阅古泉记》，勉励他继承其曾祖韩琦抗击外侵的遗志，为国家建功立业。这本来无可指摘，却遭到了一些人的非议和毁谤，认为陆游这么做是在讨好当权者。这种看法是出于党派的偏见，毫无根据。事实上，就陆游个人而论，丝毫无求于韩侂胄，他这么做的目的就是表明自己对北伐主张的支持。所以，当修史工作告一段落，他的任务完成之后，便立即告老还乡了。

嘉泰三年（1203 年）五月，陆游回到了山阴故居。这时恰逢辛弃疾被朝廷起用，担任浙东安抚使兼知绍兴府。于是，人们常常能看到辛弃疾来到镜湖之滨拜访陆游，两位志同道合的爱国作家促膝谈心，共论国事，对收复中原抱着很大期望。辛弃疾

看到陆游的住宅过于简陋陈旧，便有意为他盖一所新居，陆游则总是婉言辞谢，因为他的心里牵挂着北伐大业，对区区住宅则不以为意。第二年春天，辛弃疾奉诏入朝，陆游写了一首长诗《送辛幼安殿撰造朝》为他送行，希望他能施展平生抱负，抛开个人恩怨，集中精力对敌，为统一祖国建立不朽的功业。

开禧二年（1206年）五月，南宋朝廷下令伐金。陆游在乡间听到这一消息，异常兴奋。他抑制不住激动的心情，挥笔写了一首《老马行》，表示自己虽已年迈力衰，但为国杀敌的雄心壮志仍在，如果需要的话，他还可以像一匹久经沙场的老马那样，重新踏上征途，为收复中原而战斗。这时的陆游已年过八旬，身体条件已不允许他重返前线了。但他仍密切注视着战争的进展，十分关心前方将士们的生活，祝愿北伐早日取得胜利。

战争初期，宋军曾打了一些胜仗，但由于准备工作做得不够充分，主和派势力又横加阻挠和破坏，再加上韩侂胄用人不当，意志不坚，料敌不明，所以北伐遭到了严重的挫折，军队接连失利。开禧二年（1206年）十月，金兵分九路渡过淮水向南侵略，南宋统治集团惊慌失措，朝野为之震动。这时主和派史弥远等人又趁机活动起来，他们上下串联，里应外合，掀起了反对北伐、攻击主战派的阴风恶浪。开禧三年（1207年）十一月，史弥远集团发动政变，阴谋杀害了韩侂胄，并派遣使者前往金国，乞求重新签订"和议"。后来，主和派完全接受了金人提出的苛刻的屈辱条件，订立了可耻的"开禧和议"，北伐宣告彻底失败。广大人民和爱国志士收复中原的希望又一次化为了泡影。

陆游在家乡听到这些不幸的消息，心情十分悲痛。对于韩侂胄的被害和北伐的失败，他感到惋惜和悲伤：

上蔡牵黄犬，丹徒作布衣。

苦言谁解听，临祸始知非。

——《书文稿后》

萧相守关成汉业，穆之一死宋班师。

赫连拓跋非难取，天意从来未可知。

——《读史》

铁马秋风——陆游

147

由于陆游支持开禧北伐，所以韩侂胄一死，他也遭到了种种无端的攻击和污蔑。嘉定二年（1209 年）春天，朝廷取消了从前赠给陆游的名誉官职和各种待遇。但无论朝廷施加的压力有多大，无论投降派如何猖獗，陆游都不屈服，决不改变忠于祖国和民族的志节：

老去转无饱计，醉来暂豁忧端。

双鬓多年作雪，寸心至死如丹。

——《感事六言》

在陆游逝世前的一两年间，他还写了许多爱国忧民的诗篇：

渔村樵市过残春，八十三年老病身。

残虏游魂苗渴雨，杜门忧国复忧民。

——《春晚即事》

遗蝗出境乐秋成，多稼登场喜雨晴。

暗笑衰翁不解事，犹怀万里玉关情。

——《书叹》

嘉定二年（1209 年）初秋，陆游忧愤成疾，快到寒露时节，病情才稍有好转。中秋前后，他还多次拄着拐杖出门，到附近村庄去看望父老乡亲们。亲友邻里听说老诗人病体小愈，都非常高兴，纷纷邀请陆游到自己家里做客："老人病愈乡闻喜，处处邀迎共献酬。"（《嘉定二年立秋得隔上疾近寒露乃小愈》）可是入冬之后，陆游旧病复发，从此卧床不起，病情日渐严重。嘉定二年十二月二十九日（1210 年 1 月 26 日），伟大的爱国诗人陆游与世长辞，终年 85 岁。弥留之际，他对围绕在身旁的儿孙们，口诵了一首七绝《示儿》，作为临终遗言：

死去元知万事空，但悲不见九州同。

王师北定中原日，家祭无忘告乃翁。

这首绝笔诗饱含着陆游的血和泪，既是诗人一生政治抱负的光辉总结，也是他爱国思想的艺术结晶。诗中没有只言片语涉及家事，唯一使他放心不下的是祖国尚未实现统一，因此他在临死之前谆谆告诫儿孙，一定要继承先辈的遗志，把侵略者从中原大地上赶出去。他坚信胜利必将到来，希望儿孙们不要忘记把胜利的喜讯，告诉给自己的在天之灵。

红楼绝唱——曹雪芹

　　曹雪芹，清代小说家。他出身于一个"百年望族"的大官僚地主家庭，后因家庭的衰败而饱尝了人生的辛酸。他在人生的最后几十年里，以坚韧不拔的毅力，历经十年创作了《红楼梦》并专心致志地进行了修订工作，身后遗留下《红楼梦》前八十回的手稿。《红楼梦》内容丰富、情节曲折、思想认识深刻、艺术手法精湛，是中国古典小说中伟大的现实主义作品，并成为中国古代四大小说之一。

一、奇特的家世

（一）家世与社会地位

曹家原是正白旗旗主多尔衮的家奴，在入关后的初期，多尔衮权势很大——他的侄儿顺治皇帝年幼，他因此担任摄政王，是实际的掌权者。因此，曹家依其权势也日益兴旺繁盛起来。清朝皇帝为了避免重蹈明朝太监窃权而致亡国的覆辙，就将太监的"二十四衙门"废掉，另立了内务府。内务府的官员全部是皇室家奴，只由一位亲王做总管大臣。这内务府的人，绝大多数是早年被俘、犯罪而没入奴籍的汉人"世家"。他们的处境很特别：一方面是奴隶，身份极其低贱，生命、行动、财产乃至婚姻，都由各旗主掌握，没有任何自由，子子孙孙都是命定的皇家世仆；但另一方面，他们和皇家的关系异常亲密，从物质生活到仕宦出路，都比一般人要优越得多。他们往往被派遣担任某些经济要职，因而成了皇帝的"钦差大臣"，地位非常高。

曹雪芹就生在这样一个既贱又贵的人家。他的祖父曹寅，就是内务府中一个出类拔萃的天才诗人、艺术家。

曹寅之所以能出人头地，是由他父亲曹玺的命运决定的。

原来，清朝统一后的第一代皇帝顺治，二十多岁就因天花而亡。要知道，那时候还没有种痘的医术，因此得病死去的人很多，所以人们特别害怕这个病。顺治死后，出过痘的第三皇子玄烨在继承皇位的竞争中取得了胜利。尽管顺治生前并不重视玄烨，他心中另有宠爱的儿子。但是此子没出过痘，因此最终被否决了。在这件事上，日耳曼籍的传教士汤若望起了很大作用——当时西洋人在清廷很受重视，统治者遇事都要咨询他们的意见。玄烨的中选，使得与玄烨亲近的亲属大为兴奋，真是天降喜讯。

在这些人中，有一家人特别高兴，这就是曹玺一家。

那时的皇子不是由生母亲自哺育培养，而是由

四名乳母和四名保姆负责抚养。因此，皇子只在特定时日面见生母，礼仪性远过于天伦性；而在孩子心中，乳母才是他真正的慈母，感情深厚。保姆比乳母更不同，乳母只管喂奶，并不与孩子一起生活；保姆则朝夕不离，并且要教给皇子语言、知识、礼仪等，所以保姆也叫"教引嬷嬷"。教引嬷嬷对皇子的品格和成长影响极大，所以入选充当这种职务的内务府妇女都是一流的人才。曹玺的妻子，就是顺治皇子玄烨最重要的教引嬷嬷。她在 22 岁就被选中做了保姆。

因此，当曹玺一家闻知皇子玄烨突然被选为小皇帝，他们的欣喜和兴奋就可想而知了。

曹玺是康熙二年（1663 年）被派到南京的。他时任织造监督，严格来说，并非正式官员，只是内务府人员的一种临时差遣，暂驻江南给皇家办理织造衣物等事，为期一年后便轮换为他人。但由于是康熙的亲信，竟然打破了惯例，曹玺一人一直连任到康熙二十三年（1684 年），因老病卒于任上。从这一点就可以看出康熙帝对曹家是多么亲厚了。

清代教育皇子的制度极其严格，太子做了皇帝，为了处理政事，更要勤奋读书。康熙本来就是个刻苦好学之人，一直对汉文化孜孜不倦地学习。他的老师是江宁名儒熊赐履，小皇帝每日从师读书，需要有伴读，即陪同他一起上学房学习的小伙伴。康熙的伴读中便有曹玺的长子曹寅。曹寅天资过人，聪颖异常，学识文才都超过常人。而且曹寅从小就是康熙的好朋友，身份是"奶兄弟"（他比康熙小 4 岁）。

不但在文学方面如此，在武术骑射上，曹寅同样是个出众的英才。曹寅年少时是康熙的御前侍卫，两人的关系是"明是君臣，暗如手足兄弟一般"。由此可知，康熙这个最爱人才的皇帝，对曹寅是多么喜欢和看重了。

康熙二十三年（1684 年），曹玺因劳累过度，病故于江宁织造任上。当时的南京百姓深切哀悼曹玺的辞世。因为他到任后，清除了明代太监掌管织造的弊端，减轻了机户工匠的沉重负担，又不作威作福骚扰地方，并多行义事，受到百姓爱戴。因此，当地百姓专为他建了一所祠堂。以大学士熊赐履为首，诗文大家纷纷撰写悼词，并且刊印成了书册。这说明了江南士人对曹玺的好感，而这种感情对于后来他的儿孙到此地继任，打下了坚实的群众舆论基础。

（二）曹雪芹的祖辈

康熙帝本来有意让曹寅继任其父亲的职位，但事情没有那样顺利，其间经历了一段长达九年多的曲折。康熙为了工作需要与政治上的安排，召曹氏一家回到北京，任命曹寅为内务府广储司的郎中（掌管皇家财物的副长官）。这是为了使他先取得出任江南织造的必要资历（曹寅的父亲曹玺，也是在获得内务府郎中身份的基础上才得以担任织造一职的），而暂任他人充当织造之职。到了康熙二十九年（1690 年）夏天，曹寅才以郎中兼佐领的身份被差遣到苏州做织造监督，旋即监管江宁织造事务。那年，曹寅 33 岁。

曹玺生有两子，长子曹寅，次子曹宣。曹宣一直在北京当差，曹寅却在江南三大都会苏州、南京、扬州生活了二十二年。在这二十二年中，除了织造公务、巡盐运使的公务等等，他的主要精力都用于从事文学艺术活动。中国历史上第一部《全唐诗》，便是由曹寅力主编印的，编辑这部巨著一共花费了十年的时间。曹寅本人是一位藏书家、刊书家、书法家，而且在诗、词、曲的创作上，也得到了当时名家的肯定和赞扬。他著有《楝亭集》和《续琵琶》《北红拂记》《太平乐事》等，充分显示了超群的才华和风度。

在此后的六十多年中，曹家一直掌管着皇家的江南织造事务。这期间，康熙帝六次南巡，除了一次中途因故折回，一次令住别处之外，在江宁时都以织造府为行宫。无论从哪个角度上说，曹家都是迎接圣驾的主领人物，超过了其他地方高级官员。在这四次接驾中，要数康熙三十八年（1699 年）这次对曹家最为重要。那年的夏历四月，康熙帝又一次以江宁织造府为行宫。康熙帝的老保姆孙氏夫人，年已 68 岁，拜见了康熙。康熙见了她，非常高兴，说："这是我们家的老人啊！"其时正值庭中萱花盛开——在中国文化中，这种花是慈母的标志和象征，因此康熙特为孙夫人手题一巨匾，上书"萱瑞堂"三个大字。毫无疑问，这表面上是为曹寅母祝寿，实则表达了自己对这位辛苦慈爱的嬷嬷的尊敬和感念。

这件事，在江南被传为佳话，很多文士为此写作了赞颂的诗篇。它也标志着曹家的权势达到了一个新的高峰。

中国有句古话："天有不测风云，人有旦夕祸福。"康熙五十一年（1712 年）的农历七月二十三日，曹寅忽然染病身亡。据说曹寅患的是疟疾。曹寅之死，过于突然，他那时也不过是 51 岁的中寿之人。江南人士都为他的逝世而深深哀悼。

由于曹寅在任期内为当地人做了不少善事，因而深得民心。此时，江宁士民并机户经纪、经纬行车户、缎纱诸品匠役、丝竹行、机户及浙江杭州、嘉兴、湖州的丝织商人等，纷纷聚集到巡抚郎廷极的公馆呈递呈文，称颂曹寅生前的许多善政，恳请巡抚大人题奏，请求曹寅之子曹颙继任织造。

巡抚郎廷极在奏本中尊重实情，为曹寅说了不少好话，给这奏本增加了不小的分量。

同年八月，内务府请补派江宁织造时，康熙帝就命曹颙继任，并命曹颙的舅舅李煦代管巡盐一年，以补曹寅任内所亏欠的公款。

曹家这时的处境已十分可怜。曹颙在奏折里曾说："伶仃孤苦，举目无亲。"

可是，曹家的厄运只是刚刚开始。

曹颙那时恐怕只有十八九岁。他于康熙五十二年（1713 年）正月正式补放了江宁织造之职，二月初二到任，谁知只过了两年，便于康熙五十四年(1715 年)正月初，忽然染病而亡。

此时曹寅家中只剩下婆媳二人：寅妻李氏和颙妻马氏。

康熙帝见他家的情况如此不幸，便又特下谕旨，在曹寅之弟曹宣的诸子中选一名最合宜的过继给李氏做嗣子，而且还特命此子再次继任江宁织造，以维持这个几乎濒于绝境的门户。

这个被选中的小孩，名叫曹頫——他就是曹雪芹的父亲。

二、文星的诞生

（一）"生不逢时"

曹颙与他的父亲一样，也不是个凡才。康熙帝曾称他是文武全才，但英年早逝，死得十分可惜。那么曹頫又如何呢？曹頫是曹宣的第四子，曹寅曾称赞曹宣的诗画技艺，又说他的儿子们能继承自己的才艺，实在令人欣慰。曹宣特别重视自己的第三、第四两子，认为他们日后必成大器。曹頫也被时人称赞为"好古嗜学"，能继承其家学，因此说曹氏一门辈辈皆出奇才。

然而曹頫又是一个苦命的世家公子。自从他被选中充当曹寅的继子后，几乎没有一日不是在忧愁恐惧、公私交困的境况中度过。

曹頫于康熙五十四年（1715 年）继任江宁织造后，勉强支撑了大约十年光景，一次巨大的变故便降临到了他头上。

曹家的命运是与康熙帝紧紧地连在一起的，但祸害曹家的，也正是康熙帝的一群皇子。康熙一生生了三十多个儿子，他们为了继承皇位明争暗斗，而曹家就是这场政治风浪中的牺牲品。

四皇子胤禛在康熙在位第六十一年（1722 年）的十一月夺得了皇位，次年改元，年号"雍正"。在雍正帝为了全力控制局面、巩固地位的一系列举措中，曹雪芹的舅舅李煦一家首先遭到了迫害。

雍正二年（1724 年），在中国的文学天空中，一颗光芒四射、璀璨夺目的巨星，开始冉冉升起。

这颗巨星，就是中国最伟大的小说家曹雪芹。他的诞生，是中华民族的骄傲，也是全人类的骄傲。

那是雍正二年的夏天，闰四月的二十六日下午二时左右，南京织造府的内院传来了喜讯："皇天喜赐麟儿。"曹家有了新后代！

内院走出了几位丫鬟和高等仆妇，她们来到书房，即曹頫日常办事和休息的地方，得到允许后，她们躬身进入，屈膝请安。

"回禀老爷，天大的喜事！""给老爷贺喜。"

"什么事？"曹頫有点惊讶。

"回老爷，未时二刻，太太生了一位哥儿，母子平安。这可是咱们全家的大喜事！"

"哦，知道了。新来的嬷嬷都齐了吗？"

"回老爷，都齐了。老爷一切放心。太太吩咐，七日后，请老爷赐哥儿名字。"

"知道了。你们去吧。等取名那天赏你们。"

"是，是！谢老爷的恩赏。"

曹頫心头起了一个小波澜，又得一子，也觉得可喜，可他十分镇静，没有流露出明显的喜色。他内心疑惑："这孩子偏赶这年月出生，来得怕不是时候吧？"

他的微喜被堆在心头的焦虑给压倒了，他感到这个孩子"生不逢时"，他的出生未必值得庆贺。

曹頫的焦虑不无道理，京城里不断传来催逼款项的消息。曹寅、李煦两处织造亏空（还包括两淮盐务的亏空），共达八十一万两之多。

尤其令曹頫烦恼的是，这时偏赶上江南罕有的大旱。从雍正改元到第二年的春夏，雨雪皆无、田禾枯焦、蝗虫孳生、民心浮动、险象环生……要知道，封建社会大家都信奉一条：如果皇帝英明，君明臣贤，那么上天就赐予好天气，风调雨顺，五谷丰登；否则定会天时不佳，水旱成灾。因此，这场大旱灾，对新登基的雍正来说，面子上很不光彩，特别是他的皇位尚且没有坐稳，舆论也正处于不利之时。曹頫身为织造，职责中有一项便是要按期报告江南的"晴雨"，即天时气候的情况及重要的变化。这么一来，曹頫的报告措辞就越发难以拿捏：灾报轻了，是欺君；灾报重了，又像是给新皇帝脸上"抹黑"。

因此，闰四月二十六生下的公子，并不能减轻他的焦灼，曹頫实在感到这是一种"不吉之兆"。这大约就是曹頫不太喜欢这个儿子的根由吧。

说来奇怪，在这个孩子出世三日之后的五月初一日这天，忽然阴云密布，天降大雨，万众与田中禾谷一样，从极端焦渴中忽然得到了滋润和苏醒。

织造府的曹頫也是如此。

（二）幼年霑哥

大雨从五月初一一直下到初五。这场雨是在中国重要节日端午节即将到来时降落的，所以显得更加喜庆。曹𫖯忙命书文相公（相当于今天的秘书）起草呈报的奏折。

曹𫖯必须亲笔书写非常恭敬的小楷，方能驰送京师。他一笔一画地写着。这时，内院的丫鬟、仆妇、保姆等又来求见。

"什么事？"

"回老爷的话：太太说哥儿已过七日了，须求老爷赏他名字，打发奴才们来请示老爷。"

"哦——"曹𫖯停笔沉思着。

他一眼瞥到奏折里几个突出的字："淋漓霑霈。"

他又想起《诗经》里那两句名言："既霑既足，生我百谷。"

这个"霑"字跃入了他的眼帘，他突然觉得这个字很有意味。

"就叫霑哥儿——上边雨字头，下边是三点水的沾。你们回太太，人们都说这场喜雨是这孩子带来的，就从这雨上起名字。"

"是，是！这好极了，好极了！"

原来，这"霑"字原是雨雪水量充足、灌溉稼禾的意思。但是，官场上俗气的用法，已把它移到"霑（皇家的）恩"这层语义上去了。

曹𫖯内心深处不敢告人的话，很可能是："这孩子霑的是'天恩'，是老天的恩惠，哪里是什么皇家的恩赐？"

按满族的风俗，小孩生下来七日，他的外家（母亲的娘家）就要送来贺礼，礼品包括摇车、衣袜等小儿用品，还有一种有趣的东西，叫作金银麒麟。

中国古代幼儿的衣服鞋袜，皆为女子手工制作，工艺十分精美。在佩饰上，小孩的脖子上、身上，常常佩戴着几种物件，既是装饰，还有"避邪"的作用。像曹𫖯这样的家庭，给孩子佩戴的至少有项圈、寄名金锁、护身符等物件。那时候夭亡率很高，怕孩子长不大，圈、锁是取其能够圈住、锁住孩子的命，不被死神夺去生命的意思。锁和符，是花了钱求僧道寺观赠送的，名义上把小孩看作是他们挂名的弟子，多病且难保成长的孩子甚至还有去寺庙里出家的，以为这样才能保住性命。

除此之外，小孩的父祖赐孩子一件珍贵的佩饰，也是常有的情形。曹雪芹的脖子上大约也有一块小小的玉佩。玉佩上面镌刻着吉庆和避邪除灾的字句，把这样的玉饰挂在孩子的脖子上，当然是最合适不过了。曹雪芹幼儿时，正有一件这样的玉饰作为心爱的"伴侣"。

雍正三年（1725年）四月二十六日，恰巧赶上芒种。

这是一个美好的节气。小孩生在闰月，照规矩他的第一个生日就是四月二十六日了，而这个芒种节，却无形中成了他生辰的特殊标志。

在北京，晚春的花如芍药、牡丹，往往到初夏还在盛开。但到芒种，重要的花却都开过了，一时显得相当地寂寞——正如词人所说的——"绿肥红瘦"的景象了。曹雪芹日后自己想来，似乎芒种节是花神离退的日子，而他的生日，有点自己给花神饯行的意味。

这个想法，当然有些奇怪，可他确实是这么想的，并且这也是对他命运的诠释：美好的春光已逝，百花凋谢，他是作为一个专来"饯花"的悲剧性角色而降生到人间的，这也正是他的"末世感"的另一种表达。

在《红楼梦》第二十七回，写的正是四月二十六的芒种节，众女儿在花园中举行饯花仪式，其实这是与曹雪芹的生辰相关的重要场景。

周岁的小雪芹，有相当多的时光还要在摇车里度过，听着嬷嬷给他说唱悦耳的儿歌，将他引入温馨的梦乡中去。

小孩子爱听大人讲故事，小雪芹也不例外。但是小雪芹却有一次与众不同的经历：听洋人讲外国故事。

曾有一位英国的名叫菲利普·温士顿的商人，到了南京，结识了曹頫。曹頫请他传授西方的纺织技术。在宴会上，这位慷慨好客的东道主即席赋诗，以抒怀抱。菲利普为了酬答盛情，就讲了些《圣经》故事及莎士比亚剧本故事给主人听，他口才很好，讲得绘声绘色，很是引人入胜。

按照礼法，妇女与儿童是不许在这种场合露面的，可是，好奇淘气的小雪芹却违反了这种规矩，他偷偷地走到附近偷听这些动人的故事，听得入迷。

这自然很容易被人发现。后来曹頫得知此事，十分生气，把小雪芹训斥了一顿。

三、家道中落

雍正五年（1727 年），曹家在政治风浪中勉强维持残局，然而一系列新的事件又发生了，曹氏一家终遭不测，曹雪芹终于成了犯官罪人的孽子孤童。

曹雪芹虽然只有 5 岁，却不得不面临人生的第一个重大的转折。

雍正五年（1727 年）也是曹𫖯非常窘迫的一年。

这一年五月，因为进贡物品"奢泰"，遭斥责。

六月，因江宁所织御用褂面等落色，罚俸一年。

十二月初，因山东总督塞楞额参奏三处织造送龙衣途中勒索骚扰百姓，降旨严审。

十二月十五日，李秉忠接替杭州织造孙文成，隋赫德接管江宁织造曹𫖯。

十二月十五日，上述命令下达。曹𫖯罢职待罪。

在中国，"年"是全民最盛大、最欢乐，也最富有诗意的重要节日，但在曹家，这个年却过得无比凄惨，被抄家且成了罪犯，顿时曹家满门被置于一种绝境之中。

4 岁的曹雪芹，自从出生以来，第一次领略了什么叫灾难，尤其是大祸临头时全家成员那种恐惧、窘迫、无助、绝望的神情和失常的举动，是童年的曹雪芹一生都无法忘掉的。说来奇怪，谁也无法预料，曹雪芹最终也死在了除夕的晚上。

江南总督范时绎接到命令后，大约忙了一个月，才把曹家的财产查清、造册、封存。约于二月初上报到北京。

查抄出来的家产清单，与当时的满汉高官及大户相比，简直太寒酸了。连硬心肠的皇帝，在听了奏折后，也生出些"不忍"之心。曹家当时已是何等的惨况，可想而知。

隋赫德的奏折透露了两点：一是雍正将曹家的房屋人口赏给了他；二是雍正命令他给曹家"少留房屋，

以资养膳"。可见雍正在惩治曹家这件事上，做了错误的估计，也听信了别人的谗言——说曹頫转移、隐匿资产。而查抄的结果竟是如此可怜可叹，不免使他"天良发现""扪心自愧"了。

后来雍正见曹家实在可怜，发了善心，特命留一点房子给曹家，使两世孤孀有一处立锥之地，不至流落街头为丐，于是把在京的一处住房拨给了曹頫一家。

令人感到意外的是，雍正还批准给曹家留了奴仆六人，即三对夫妇的私家世仆。

至于曹□本人，"因罪曾被枷号，即用木枷钉锢，在露天里示众"。从此以后，曹頫的命运究竟是怎样的，到现在为止，还没有发现文献记载，因此不能妄断。无论如何，随着父亲获罪而还京的曹雪芹，确实住进了新拨给的恩赏住房。

曹雪芹的北京生活由此开始，直到他病逝于城外西郊。

曹家的这处北京新居，坐落在外城偏东，崇文门外直对的南面一处叫蒜市口的地方。在此，隋赫德给曹家安排了一个小院子，共有十七间半房屋。虽说这是北京最简单的"四合院"，但仍然是一个独门独户的封闭式宅院。曹家虽是犯官，但毕竟是内务府旗人，在当时的政治环境中，他们是应该与汉人有别的。

单单把他家安排在城外居住，已足以说明曹家此时的政治地位发生了极大的变化。

四、四合院里的童年

（一）淘气的神童

5 岁就遭遇家变的曹雪芹，来到北京蒜市口的一个小四合院，那时这里是"犯罪之家"，父亲曹𫖯的命运吉凶未卜。曹雪芹虽幼小，生来却极其聪慧，也是一个早熟的天才，正像他的祖父曹寅一样。他 4 岁就读完了四书五经。一般来说，一个学生要读完这些艰深的书，快的也需要读到 20 来岁。4 岁就已经读完这些书，是不可想象的奇事。他对事物有高度的敏感。他对一切人、物、事都具有深刻的观察和认识的能力。不幸的是，他是罪臣家的孩子，家境和世态在他心中烙下了难以磨灭的印记。作为一个孩子，他从生来就是不幸的，童年对他来说，是一场噩梦。

他那时当然还不叫"雪芹"，这是后来的称呼。他那时该是叫做"霑哥儿"，满族旗人的习俗是如此的。霑哥儿在北京熬过了三年。

小霑哥自幼深受文化教养，特别讨人喜欢的是，他待人接物礼数周详，举止优美，进了学房，竟然超过了王公家的子弟，老师对他已经是另眼相看了。他一开始读书，更把老师惊得怔住了。

中国的学童，自古多有聪明颖悟智慧超群的，常能"一目十行""过目成诵"。

霑哥则真是一目数行俱下，只念一两遍，就能背诵如流了。他不但学得快，而且悟性极高——他能明白书上所讲的道理，得其精义，不只是背死书。

渐渐地，先生发现这个令人喜爱的学生也并不只是聪明过人，他另有些奇怪脾气，淘气、会思索，常常发出疑问，使先生张口结舌，回答不出。还不时有一些令人惊讶的怪话怪论，听起来十分大胆，使先生为难，而先生也只好以申斥他不守规矩、胡言乱语而不了了之。

因为家境的关系，霑哥上学时年龄已比一般满族世家的孩子晚了。上学也只能念那些规定的四书五经。这对小孩子来说，是极其枯燥乏味的。

然而霑哥儿是一个聪颖而又淘气的孩子，死板地认字、背书这种学习，是不能使他感到满足的。于是他很快就偷偷地转入了另一个新的阶段，即"杂学"。

什么叫"杂学"呢？在曹雪芹生活的年代，读经典是为了作"八股"文章，由考官在四书里选择一句话作为文题，考生必须以"代圣人立言"的口吻来发挥题目的意义，文章要按规矩分为八个段落，故名"八股"。除这一"正学"之外，其他一切学问都得归入"杂学"范围，身份就要比"正等"低级得多了。

曹雪芹最厌恶这种假学问，他在小说里写那些醉心于八股文的人，叫他们做"禄蠹"。他写小说主人公贾宝玉，说他"愚顽怕读文章"，今日读者多已不懂了。其实，那"文章"二字，并非与现在的含义一样，在那个时代，它专指"制艺"，即八股文，也叫"举业"。

小雪芹天性不守规矩，求知欲强，感情丰富敏锐，他需要的不是应考的假学问，而是真正才华横溢、抒写性灵的中国古代诗词文赋，以及被士大夫轻贱的民间通俗文学——小说、剧本、弹唱曲词等在中下层社会流行的文学形态，当时也叫作"闲书"。

而曹家政治地位的骤降，也使曹雪芹得到了远比内城和皇城里的孩子们多得多的接触"杂学"和"闲书"的机会。

（二）启蒙老师

曹雪芹从少年时就"不务正业"（学八股制艺），专爱"旁学杂收"，但他想要寻觅"杂书"，却面临着很大的困难。祖父一生的藏书，抄家时已经被抢掠一空，而他此时尚小，还不到读那些古书的阶段。由于他所居之地接近中下层社会，所以曹雪芹读的"杂学闲书"，就是流行当世、十分易见的各种小说和剧本。

明清时期，长篇章回小说和元杂剧、明传奇剧本都极受读者欢迎，其流传之盛，超过任何官定的课本（四书五经）。尽管正统士大夫非常鄙视这种作品，但从明代以来，情况却发生了重大的变化：一是众多天才作家由于科举无从施展才华和智慧，便把精力投入到了小说和剧本的创作中，因此质量很高；二是从明代中叶起，出现了一派"批点家"，专门给流行的头等小说剧本做出"批点"，刊刻行世——所谓"批点"，是中国独创的一种文学批评的形式，指对作品逐字逐句地进行品评鉴赏，并将评语写在正文的句下或句旁。

在"批点"方面，出现了一个人，名叫李贽，人称李卓吾先生。此人的出现对中国通俗文学的流行，起到了巨大的作用。而李卓吾先生，也是曹雪芹真正的"启蒙老师"。

李卓吾比曹雪芹早降生了二百年。他写了大批的著作，因为他的见解与世俗正统不太和谐，所以遭到很多人的仇视，被诬称为"妖人"，官府将其缉拿下狱。他没有"悔过"认罪，坚称他著的书是对人有益的，结果弄得官府没法定案，只得将其困在狱中不予发落，最后他用剃头刀割断了自己的喉咙，离开了人世。

小雪芹也绝不是一个学究式的人，他在读小说、剧本时受了李卓吾点评的巨大影响。

曹雪芹的另一位"老师"也是一位奇人。此人官居御史，人称谢御史，名叫谢济世。他曾被曹雪芹的表兄福彭聘到平郡王府教导小世子庆明，因此，小雪芹就有了跟从谢老师听讲和学习的机会。

那一年，十二三岁的雪芹，在表兄府里，附学伴读，接受了谢先生的教诲。

师从谢先生，曹雪芹首先受到了高尚德行的熏陶——刚正不阿，不畏强暴，勇揭私弊，敢于冒死坚持真理，不迷信偶像。谢先生对天文地理及动植物都善于观察分析，富有科学精神，学识十分丰富，不只局限于对书本文字的空谈玄议。谢御史回到北京以后，出门在街上行走时，民众都争相观望他，都想看看这位不畏强权的奇人。

谢御史过于刚正，在朝廷中不受同僚欢迎。他上书建议改进科考专凭"八股文"与字迹合格取士的旧规陋制，并多次进呈自己的论著，可惜都没有得到皇帝的重视。1738年，便自请外任了。从此，平郡王府不见了这位老先生的足迹，雪芹的从旁受益，自然也宣告结束了。

失掉良师的亲授，雪芹的"杂学"，当然更离不开各种社会人群，也更离不开各种书籍了。

五、少年的游玩地

(一) 花儿市和庙宇

从蒜市口曹家的小院往外走，四个方向都有不同的境界。

先说往北走。往北走不了几步，就来到了花儿市。花儿市不是一处售卖花卉盆景等观赏植物的市场。那"花儿"是指民间手工艺，即用绒绢等材料做成极为精美的首饰花朵以及凤鸟蝴蝶等。这种种"相生花"，精致得如同鲜活的花鸟一般。还有千姿百态的吉祥图案。那时的妇女，是必须讲求梳妆仪容的，头发须梳得油亮，一根头发都不许松散，上面插戴着金银珠翠等饰物，可是还不能缺少一朵这种花儿——如果不这样，人家会误会，至少以为他家里有了不祥之事。

由于是花儿市，这一带自然也就有专卖妇女化妆的脂粉头油、簪环镯钏、绣花衣裙的店铺，构成了一片芳香艳丽的世界。小雪芹每到此地游玩，便有了一种无以名状的感受，使他日后对女性的一切问题都十分留意和敏感。

这儿也有另一种物品引起了他强烈的爱好和赞美，那就是玉。它对小雪芹也产生了极大的吸引力。

这一切，都遥遥预示着小雪芹日后写小说时取名《石头记》，而且这块石头还化成了"通灵宝玉"。

从蒜市口往四周看，大寺小庙，远近为邻，数不胜数。雪芹从小就喜欢游庙。他小时候在南京第一次随着家人外出，就是到织造府东侧的万寿寺，那是他家的家庙；再往北，还有水月庵，都给小雪芹留下了深刻的印象。上庙，是到香火旺盛的庙宇去看庙会。游庙却可以是寻觅已经荒凉的古寺遗迹，凭吊名胜，怀念前代名流诗客。小雪芹对这两种情景，都深感兴趣。

(二) 祭祀泰山的庙宇

在中国，祭祀泰山的庙宇千千万万，这里主要说两座曹雪芹小时候常常去、并对他日后创作产生重大影响的两座庙宇——泰山行宫和东岳庙。

一到泰山行宫，那景象与关帝庙就全然两样了。

那儿供奉的是泰山女神"碧霞元君"。说来有趣，中国的山川之神都是女性。泰山是中国北方最雄伟的山岳，碧霞元君娘娘的塑像表现的却是端庄静秀的东方女性，头戴着穿珠冕旒，身着绣袍，尊贵高洁，而又慈祥亲切。

另一处令小雪芹神往的庙宇便是他家东面的太平宫了，太平宫俗称蟠桃宫，坐落在东边煤门通汇河的南岸。庙里供的是王母娘娘，这座小庙之所以有趣，是因为它包含了很多有趣的故事。其中，最著名的要数《西游记》里描写的"美猴王"的故事，猴王来到天宫，玉帝让他看管桃园，他却馋得把仙桃吃得一干二净，当王母娘娘请了客人来，才知道蟠桃已经一枚也不剩了，大为尴尬。由此美猴王也闯了一场大祸。

这些故事，使小雪芹为之向往。他觉得这座神庙简直就是一座小巧的《西游记》艺术宫！他觉得这比什么玩具都好玩得多。

宫门外临河是一大片空场，平日里这里人山人海，挤满了各种各样的货摊、游艺棚，叫卖声、锣鼓声连成一片。游人如织，络绎不绝，仿佛人间仙境。从崇文门到此，循河三里，都是垂柳，比画还美。这就是人们自己创造的乐园了。

这块地方对小雪芹影响很大，激发着他日后创作小说的灵感。

少年雪芹来到东岳庙，那感受又是与众不同的。他读了康熙皇帝的御笔碑文，才知道此庙于康熙三十八年遭了火灾，皇帝拨了"广善库"的专款，命裕王爷监办，费了三年的工夫，才将庙重新修好，碑是康熙四十一年立的。一进正殿，举目先见一方巨匾，题写着"灵昭发育"，是康熙帝的大字御书。望着眼前的一切，雪芹立即想到，那时正是爷爷在时，家里家外，是全盛的时代。

于是雪芹一层一层地逐个参观：

正殿是天齐大帝，两旁有侍女、相臣、武士。

东西殿为神君、道士、仙官、将军……无不神妙绝伦。

三皇殿，供奉的是伏羲、神农、黄帝。

正殿后是寝宫。当他到了正殿后的寝宫，不觉屏住了呼吸，睁大眼睛——他所见到的是一百多个千姿百态的侍女塑像！这些少女，都美丽可爱，简直栩栩如生。

雪芹惊呆了，脚下不肯移动了。

最后面是玉皇阁。

这些殿阁中，有两层最使曹雪芹惊叹和赞美。

少年雪芹把同在岳庙的"阎王殿"中的"七十二司"和"侍女群"这两个毫不相干、性质完全不同的意象，忽然联系在一起，他产生了一个奇特的想法：七十二司太丑恶了！侍女群太美了！人说七十二司掌管着人的亡魂；我也可以另创一个"世界"，非阴非阳，那是少女们的灵魂归处，由一个美丽智慧的仙姑掌管着她们的"命运簿册"。

雪芹的这个奇想，是一种对世俗迷信的嘲讽调侃，也是对妇女命运的一种最新奇最圣洁而又最沉痛的"社会主张"与"哲学思想"，这是一种与传奇故事相"结合"的产物。他迸发出这样一个灵感，成为他构写小说的契机，也是他天才火焰的展现。

当你读他小说中所写的"太虚幻境"时，你便明白了它的来源竟然是谁也意想不到的东岳庙——山门外有一座引人注目的大牌坊，殿门内两厢分别列着"薄命司""痴情司""春怨司""秋悲司"等众多名目的"分司"，这正是仿照东岳庙的建筑布局而产生的艺术联想与文学创造。

六、否极泰来

（一）世家公子

雍正十三年（1735年），雍正皇帝暴亡，乾隆皇帝即位，直到第二年乾隆元年（1736年），是少年雪芹一生中最快活、最难忘的时光。

普天的"气候"改变了，好像春天也来得早，寒风不似以前那么刺骨了，人间开始有了温馨的气息。

先是雍正十三年十一月，大表兄平郡王福彭擢升为协办总理事务大臣，于是雪芹随着家人到西城石驸马大街的王府里去贺喜。这座极其雄伟坚固的明代古建筑，风格与别府格外不同，气势恢弘，府里热闹非凡。

同年三月，福彭又做了正白旗满洲都统，这是曹家所属之旗的最高长官。

接着，又因为福彭实心做事，在王爵上"晋录三级"。

雪芹的祖姑丈傅鼐，也做了兵部、刑部两重兼职尚书，也是掌管军政大事的一品大臣。

"同难同荣""六亲同运"，那时候的政局变化就是如此。

雪芹真正成了世家公子。他的"锦衣玉食"的生活，也就是从这时候开始的。

他有了更多的自由，可以出门到各处去游玩参观了。

从他家出门往南，走得远些，渐渐就变得人烟稀少了，显得有些荒寂。东南方向上有一座古庙，俗称卧佛寺，殿内有一尊巨大的木雕如来佛，闭目枕肱，头朝西方。身上披着绣衣袈裟，精美动人。佛的四周，站立着十八位大弟子的塑像，个个面带悲戚——原来这是如来卧病，将要涅槃，众弟子悲悼的情景。使少年雪芹产生了新的感触：原来佛也不是永生的，也要离去，他便觉得心情异常沉痛。

在游览时，他见这一带冷落的旧寺中，多有寄存的棺材放在偏僻的空房中，问仆人时，才知道这些都

是外地的贫困之士，死在京师，家中无力将其葬回家乡，就存放在寺庙中。那种景象，十分凄凉。日后雪芹写祭晴雯的诔文中有"尔乃西风古寺，淹滞青燐，落日荒丘，零星白骨"等痛句，正是这里的景象。又见有一所育婴堂，也在近处，那还是康熙年间建立的，专门收容弃婴和无家的孤儿幼女。那时没有子女的人，便来这儿讨个孩子，回家抱养，作为义儿义女。雪芹听说自己堂兄家就有育婴堂出身的少妇。

这些印象，慢慢地连在一起，便印入了少年雪芹的心间，他开始思索人生的各种不幸和苦难了，他好像有一种愿望：寻找一条什么道理来解释这样的人生际遇。

再往前走，还有两处相邻的古迹名胜：夕照寺和万柳园。夕照寺也多存"旅亲"。万柳园则是早年相国冯溥的园子，雪芹听说爷爷少年时结交了许多名士、诗家，曾到此园聚会。如今这园子已十分荒凉了，再也没有那样的名流前来游赏吟咏了。

雪芹从小爱诗，作诗的天赋也极高，他的师父们都夸他有诗才。他这时更喜欢作诗了，当他游玩到这一带时，特别有诗兴，觉得诗句就在胸中激荡，便欲提笔一写。

（二）内城景象

这时，他也可以进内城看看了。

一进崇文门，便使雪芹精神一振，眼界大开，与以往所见景象都不同了。真是人烟鼎盛，市井繁华——这是直对着崇文门的东单牌楼，内东城的第一处名胜。从"东单"向西望，是一条极为宽阔的街，笔直而望不到头。遥遥看见一座高大巍峨的琉璃瓦装修的三洞大门楼，叫作"三座门"。这条大街上也有巨大的牌坊。一切规模制度，色彩结构，都高大壮观，与外城大不相同了，这才是他真正看见的"皇都"气势。

那条大街叫作长安街，原是元代土筑都城的南面城墙的基址，明代改建砖城时，把南墙向南推了出去，这基址就成了著名的街道。循此街一直向西，可到天安门的外旁——皇宫的一层正门附近。雪芹和老仆不往那走，转而向东。走了一小段路，到一路口。老仆说这条胡同叫作方巾巷。

"怎么是方巾巷？"雪芹很纳闷。

"早年间，大明朝吧，念书人都戴一顶方巾做帽子，远远一看就认出是读书的，受人尊敬。"老仆解答。

"哦，独这儿卖方巾了？"

"对。反正这儿的方巾最有名气。卖方巾的都聚在这儿。"

"为什么呢？"

"为什么？前边就是贡院啊。"

"贡院又是怎么回事？"

"贡院是赶考的地方啊！顺天府考举人，天下各省来的人考进士，都在这个大贡院——大极了，要容得下一万多人来考！这么多考生都住在贡院附近，可热闹了。从这儿直到东单，人山人海，做买卖的净等赶考，东西涨价，都发了大财呢。"

"这儿哪来的那么多客店？"

"问得对！原来不是客店，是附近的住家户们，都腾出几间房，专门租给这些客人住。贡院周围的胡同，家家门口贴一张大红纸，上写四个字。"

"哪四个字？"

"状元吉寓。"

"这是什么意思呀？"

"是吉利话：谁要租我的房子，准考状元——状元是进士第一名。金榜一出，天下闻名，要什么有什么了，做官发财，还有大家大户的闺女，都争着要嫁给他呢。哎，说真的，过几年，哥儿也来考个状元，给咱们家争口气。"老仆叹了一声。

雪芹不答。沉思了一会儿，又问：

"你怎么知道这些事？你又不来考呀。"

"咱们家老宅就在贡院旁边呀。"

"是吗？"雪芹大吃一惊。"你领我去看看。"

雪芹随着老仆过了方巾巷，走不多远，就是贡院正门，那门紧闭不开，门外左中右是三座大牌坊。再往东行，已经望见了大城墙。墙内有一条河，名叫"泡子河"。老仆说，河两边都是明朝的老宅子，有很多豪华园子，大清入关后，八旗人占了那些宅子，曹家是正白旗，划归东边，就分到了一所房子。这一带的自然风光十分秀美，令人神往。

他们二人走到河东边，到了一座宅子，大门向西开，很是高大。门前有两三棵古老高大的槐树，枝条遮满了门墙和附近的上空。几级高高的石头台阶，傍着门两边一双石柱形"门蹲儿"，顶端是精致的狮子浮雕，那石头年深日久，已磨得十分光亮。

老仆站住了，用手指了指，一言不发。

雪芹领会，也不再问，站在门前竭力往门里望着。

这处老宅院，如今不姓曹了，但是它记录着曹家迁到北京以后的百年历史，其间诞生了很多不凡的人物，发生了很多不寻常的事。

老仆告诉小雪芹："你的爷爷曹寅住在这里时，中了举人。后来康熙皇帝不让咱们旗人再考功名，说咱们本来世代有官位，不必和那些穷念书的争这点名利。可你爷爷心里还是盼着儿孙有高中的。他说过，我并不喜欢科名利禄这条道，可是世上没有出科名的家门，人家会看不起，总被当粗人看。你爷爷那么好的诗，才气谁都难比，怎奈江南的那些书香世家，背地里就鄙薄他。你爷爷为这个心里窝着气呢。"

雪芹陷入沉思了，"怎么，爷爷一辈子那么大名声，还有不舒心的事？"

老仆笑了，又叹了口气，"你到底是个孩子，爷爷那心事可重了，你现时也难明白。他给园子里一间房子起名叫'鹊玉轩'。"

"什么是鹊玉轩？"雪芹急切地问。

"也是你爷爷讲过我才懂的。他说古时候有一座山，山上尽出玉石。可是当地人却不知珍惜，从小把它当泥土瓦块一样看待，只要弯下腰，就捡一块玉，拿它赶喜鹊鸟儿！所以你爷爷叹息说多么难得的人才，没人识得，把他当平常使用，不也是一块'鹊玉'吗？！"

雪芹觉得被雷电轰了一下，半晌不语。

等到后来，他借到爷爷的诗集，看到两句诗："娲皇采炼古所遗，廉角磨碏用不得。"

　　雪芹明白了：爷爷把自己比作能够补天的神石，可是单单这一块没用上，丢在了地上，很多年后，石头的棱角磨没了。就是有人想再用它，也用不得，成了废物了！

　　雪芹深深体会到了爷爷的想法。这使他不禁一阵心酸，泪流满面。玉和石头的故事，震撼了雪芹，永难忘记。

　　日后，他就是以石和玉为开端写他的小说的。

　　这不仅仅是小说，这是一段深刻的人类历史，也是关于命运的崇高的悲剧。

（三）优伶世界

　　上了年纪的老辈家仆，领雪芹到这些地方，都带有怀旧的心情。年轻的嬷嬷哥哥（乳母的儿子）则不喜欢那种冷落和僻静之处，他领着雪芹向另一个方向走——往西走。出了家门，如果一直往西，过了金代古迹"金鱼池"，经过神圣的只能远看的天坛，就是"天桥"的所在。

　　这地方极其好玩，江湖卖艺的、耍大刀的、卖药的、弹唱的、算卦的、卖民间饮食特产的……很是热闹，一片下层社会市民娱乐游玩的气氛，令人眼花缭乱。雪芹初来时，大开眼界，也引起了他不少思绪。他感叹穷苦人为谋生路而必须承担的牺牲与苦难，也感到"人的类别"，因而心情复杂万分。

　　如果出了家门先循崇文门外大街北行一点，再穿过很窄很长的胡同，便是正阳门外商业最繁华的地区。这条大街两侧布满了商店，店"门脸儿"的雕刻建筑和各式各样的招牌、装饰，工艺之精巧、色彩之华丽，使游览者如同来到了另一个世界。两侧再各进入里侧一层，则又布满了客店、饭馆、会馆、钱庄、珠宝店、乐器店……再有，就是茶馆和戏园了。

　　雪芹最想看一看他向往已久的"查楼"。

　　查楼是北京城最古老的一座戏院，因为是姓查的人建的，故人皆称查楼。有名的戏班和名角，都在这演出。

　　查楼在一条很窄的小胡同里，如果不是巷口悬着"查楼"的木横匾，是很难找到的。查楼门前，摆设着戏剧舞台上用的道具：武戏用的刀、枪……耳中已然隐

隐约约听到笙笛弦索的妙音，又不时夹杂锣鼓的节奏……雪芹被这一切吸引住了。等到他看过一场戏后，更是被迷住了。

雪芹是一个天生的艺术家，他一看就迷上了这里的一切，这丝毫不足为奇。奇的是他因此惹下了无穷的麻烦，更奇的是，这种麻烦给他写作小说提供了意外的机缘。

雪芹迷上了戏，也迷上了某些名角小旦。下流的戏迷是把小旦当"男妓"看待的。雪芹则不然，他是极度欣赏和怜惜这些沦落风尘的艺术家的，把他们看得十分尊贵。

还有一种风气，在八旗子弟中逐渐形成了：这些子弟不务正业，甘居"下流"，天天与"戏子"混在一起，日久天长，也学会了唱戏，于是就以"良民""公子"的身份登台表演起来。这叫"串戏"或"客串"。这种浪荡子弟，为家人亲友所唾骂，无奈社会风气有时是不可逆转的。雪芹小说中写的一个人物柳湘莲，正是这样的例子，他和主人公贾宝玉是极要好的朋友。

事实上，雪芹自己就走上了这条路，成了一个被唾弃的"不肖子弟"。他竟然也"粉墨登场"了。

事情很快传到了家人的耳朵里。

风波掀起了，家长、族长，都对他规劝，大骂，处罚……

没有用处，雪芹无意悔改。

这也还只是败坏家声的问题。更可怕的是他结交了某家王府里戏班的小旦，几乎使家里卷进了新的政治麻烦，这使曹家家长忍无可忍。

家长没了办法，最后拿出了满族人的老家法、老规矩：圈禁！

曹雪芹对于"戏子"，自有他的看法和评价，他特别重视"奇优名娼"，更同情他们不幸的命运。

曹雪芹的"放浪"，就是对"礼法"的破坏。这不只是个人甘愿与否的问题，还有一个"圣朝"容与不容的问题。而曹雪芹，正是由于放浪而成为"圣朝"所难容的一位失意的人才——伟大的艺术家。

大艺术家难觅知音，在世俗社会中是困难万分的。他们与各种艺人优伶交往，不顾亲朋的嘲骂，表面上不守礼法，实质上则是一种艺术家的相互欣赏。艺人中情性过人、信义极重、牺牲自身救助朋友的例子，就在当时也是有记载的。艺人的身世命运的不幸，也是雪芹念念不忘、难以释怀的心头恨事。

七、第二次巨变

（一）彻底破败

从乾隆三年到五年，雪芹当是十五到十七岁，他似乎就在这段时间之内被圈禁。而在这段时间内，皇家朝政上又酝酿了另一场惊涛骇浪。这场风浪，彻底改变了曹雪芹的生活和人生道路。

这场风浪并没有新的质变，仍然是雍正一手所种植的那株畸形的政治之树所结的恶果。

乾隆继位后，虽然也曾用心费力地去收买人心，消除旧怨，可是远远不能平息皇室内根深蒂固的冤仇毒怨。大约从雍正一死，几支重要亲王之间就暗地勾结，要趁仅仅二十几岁的青年弘历登上皇位的时机发动一次大政变。

老一辈胤字排行的王爷，除了果亲王，几乎全部参加了。最奇的是，怡亲王是雍正竭力抬捧的"贤王"，竟然也是暗中反对雍正的人。

事情是这样的：宗室王公，绝大多数都为康熙"废太子"抱不平，而痛恨雍正这个狼心狗肺、阴险狠毒的恶魔，大家要在他年轻的儿子弘历身上报仇雪恨。大家一同暗中扶植废太子的嫡子弘晳，想让他夺回宝座。

这次密谋的规模，史书没有详述。皇帝本人也只透露了一个口风：弘晳竟然已照皇家内务府的制度，设立了自己的"会计司""掌仪司"等七所机构（内务府下设七司，掌管皇家一切财产庶务）。也就是说，不但"居心不可问"，实际上已以皇帝自居，初具规模了。

这桩"逆案"在乾隆三年酝酿，已被新皇帝获悉。中间经过不详，大约有人告密。乾隆四年十月，宗人府已在议罪复奏了——建议把这些王爵革除，永远圈禁。

等到乾隆五年的秋天，趁皇帝外出秋猎之际，庄亲王之子又与人一起"密谋"造反，结果也被发现而失败了。

这场政变规模之巨大与斗争之激烈，实为少

见。牵连的各层人员更不知有多少，曹家又是其中之一家。

在这场复杂的事变之中，雪芹的祖姑丈因交纳下级人员太宽泛，底下人府里的"包衣人"（即奴仆）惹了事，十分严重，以至革职入狱，随后病卒了。雪芹的大表兄福彭，也因"失察家人"受到重责——自乾隆五年到七年整整三年的历史，官书不敢明言一句，很可能是卸职家中"反省思过"。

曹家本身呢，当然更麻烦——逆案首犯是庄亲王，他现任内务府大臣，可以直接指使全府的人员，何况雪芹的堂叔辈中本来就有人在庄亲王府里当差役。曹家是康熙帝的世仆，与太子自然关系密切，查出过太子命其乳公凌普向曹寅处"取银"，一次就是两万两。再说怡王府，雍正也说过是"疼怜"曹頫的。由这些情况可以看出，雪芹家又无法逃脱奴籍的厄运，再次被抄家问罪。这次似乎比雍正五六年间那次的情形更惨——那次还有很多力量暗中保护，而这次谁都爱莫能助了。

从这以后，曹家诸人的痕迹，无论是官家档案，还是私人记载，都无一字可查了。这充分说明了曹家的最后破败。

这时候，乾隆特别注意八旗包衣人和汉姓人的往事。他下令准许这些包衣"开户"——脱离原主，自立户籍。又命这些汉人（早已隶属满族旗的旧人）在考试时归于汉军（真正的汉人军兵）类内一体举行。他还详细调查了这些人上世归旗的原始根由。看来，乾隆在民族问题上产生了新的想法，他的眼光渐渐地有了歧视汉姓包衣人的苗头。这对曹家也造成了很大的影响。

（二）内务府当差

雪芹长到 18 岁，按规矩要到指定的地方去当差服役了。

曹雪芹曾被派到咸安宫官学。这所官学是雍正下令专为"教育"内务府子弟而新建立的一所"包衣学校"。汉人中有学问的举人、贡生都被派往官学做"教习"（汉文教师），在咸安宫官学任过事的先生曾直接或间接地听到和提到过"曹雪芹"这个名字，似乎知道他，尽管只是一个朦朦胧胧的影子而已。

有人记下了他在内务府做过笔帖式和堂主事。这也是很可信的传闻。

笔帖式又是什么意思呢？原来是满语的译音。蒙古语中也有相应的一个名词。满语"巴克什"，后转为"榜什"。清人没入关时，巴克什的地位是相当高的，是文职的赐名；等入关后改译汉名为笔帖式，各部院衙门普遍设置，有翻译、帖写等名目，掌管翻译满汉奏章文籍等事务，官级最高的不过七品，已经是一个最普通的文职小员了。但旗人由此进阶，升迁很方便，八旗的许多贵官，实际上很多都是由笔帖式出身。汉人是不能充当笔帖式的，内务府中，当然更没有汉人或汉军笔帖式。这一点在清代制度上是十分清楚的，可以使一些不甚了然于内务府籍与汉军籍之别的人们，获得又一个辨识的机会。

笔帖式的差使当得好的，可提升为堂主事。内务府的结构是"总管"为首，下设七司，各设"郎中"，郎中大概相当于现在的副部长。以下便是"主事"了，都是司内的办事分职的次级小官员。其中的"堂郎中"和"堂主事"是负主要责任的。

主事除了正式编制的名额以外，还有"额外主事"。《红楼梦》写荣国府的主人贾政，就是皇上"额外赏了一个主事"的职位，也就是隐写内务府家世的巧妙之笔了。

雪芹在内务府当差的确切年月，都难以知道了。从情理上来讲，这都是他18岁以后的事。他为什么要离开内务府，也不可知。恐怕主要还是他"不甘为庸人驱制驾驭"的原因吧。

他在内务府当差大约最多只到乾隆十三年左右，这也是他一生为皇家做"奴才"的唯一一段经历。

八、漂泊的生活

（一） 四处流浪

雪芹在内务府的这几年，是他一生中生活稳定的阶段。但也许是因为他言行不守"规矩"，惹恼了上司，便"罢职丢官"了。

从此，他便转入了一个十分困难的流浪时期。虽然说是一个时期，实际上这种处境是他后半生的基本状况。

他是一个公子哥出身的人，不懂得生计之事，也不会经营生活，甚至连衣食也不能自理，是处处需要人服侍的"废物"。这就是他自谓的"天下无能第一"了。他很快就陷入了缺衣少食、举目无亲的困境。

大约他所能想出的"办法"就是求亲告友，忍辱地求一个寄食借住之地苟活。

这是很不光彩的，但这是事实。

大表兄平郡王府是第一处可以寄身托命的所在。姑母会疼怜他，收容他。平郡王府里多了一个半个吃闲饭的穷亲戚，原来也算不得一回事。但受下边人的白眼，听难听的话……这些世态炎凉的人间百态，他饱尝了。

不幸的是，平郡王福彭只活到乾隆十三年便辞世了。此时雪芹年当 25 岁。福彭一死，府中情况随之大变，雪芹看自己无法再住下去，只好告辞姑母家，另寻生路。

从平郡王府往西，不太远是旧刑部街。据传说，雪芹的岳父家就在此街。这自然也会成为他寄食的一门亲戚。他的岳父是谁？夫妻感情如何？已经没有人知道了。估计他在岳父家的经历不会是很愉快的。也许有些像小说中的封肃对待他的女婿甄士隐那样："今见女婿这等狼狈而来，心中便有些不乐……士隐乃读书之人，不惯生理稼穑等事……封肃每见面时，便说些现成话，且人前人后，又怨他们不善过活，只一味好吃懒做等语。士隐知投人不着，心中未免悔恨……"

这种局面自然不会太长。雪芹又曾经历过丧妻的不幸，便与岳父家断绝来往了。

等到连亲友也无处可投之时，他还住过庙院，住过马棚，住过"水窝子"。真可以说是每况愈下了。

前文讲过的蒜市口与广渠门之间，有一座古庙俗称卧佛寺，内有巨大木雕卧佛，雪芹小时去过的。如今无家可归，他便一度寄居在此寺内。

这庙是冷落的，香火不盛，游客更是稀少。寺内有明代古槐，又有一个小跨院，十分幽静。雪芹求老方丈主持，终于求得一间空房住下了。

住处是勉强有了，可是三餐无计。近世大画家齐白石讲过一个传说：雪芹在卧佛寺中时，特别穷，画家因此画了一幅《红楼梦断图》，一角寺院，古柯荫瓦，残月当天。上面的题诗写出了雪芹寒夜孤灯，在贫困中独自写小说的情景。

雪芹写小说要用纸，可他连买纸的钱也没有。他就把旧历书拆开，翻转过来做稿纸。一位名叫潘德舆的诗文名家曾记下他所知的雪芹的一些贫困时的状况——他在正白旗满族世家钟昌那里做"西宾"很久，所以能听到关于雪芹的一些逸闻。他曾撰文说（译为今天的普通话，大意为）："我每次读《石头记》，便感动得泪如雨下。此书作者一定是一个怀有特别的痛苦、十分忧郁的人。我听说这个人平生放浪成性，没有衣食，寄住在亲戚和朋友家。屋里除了一张桌子和一把椅子之外，没有其他的东西了。每天晚上挑着灯，奋笔疾书。没有钱买纸，就把旧皇历拆开，在纸的背面写。"

这就是雪芹在贫困流浪中不懈著书的真实生活写照。

（二）西宾生涯

比寄食生涯略微强一些的，是他后来有了在富贵人家做"西宾"的机会。富贵人家聘请在家塾教子弟读书的老师、助理文墨公牍的"幕客"，称为"西宾"，俗称"师爷"。做这种西宾的，都是在科考时不能高中的举人、贡生等下层的文人或老儒。

在雪芹做西宾的记载中，有的只言"某府"，有的指明是"明相国府"。这个称呼，在康熙时即指明珠，但在乾隆朝，则应指明亮。雪芹在他家做过馆师，有相当的可能性。因为雪芹认识"明"家的同族人，如石虎胡同的富良家便是一例，安定门内的明瑞家也是一例。

明亮对曹雪芹这种放荡的人很不喜欢，再加上旁人的嫉妒和诬陷，给雪芹加上了一个"有文无行"的罪状。不久，便把雪芹辞退了。

被相府辞退的雪芹，名声大坏，别的人家大抵是不敢再请他了。雪芹在北京城内已经没有立足容身之地了。

在相府中诬陷诋毁之词是很多的，种种"行为不端""道德败坏"，而写小说当然也是罪责的一条。

雪芹做西宾时继续写《石头记》，人人都知道，不少人爱看他的书稿，每当看不到下文时，就来催促他快点接着写下去。

每当这个时候，雪芹就对催书的人说："你给我弄来好酒、烧鸭，我吃饱喝足，就给你续写下一回。"

这种情形，是由裕瑞记下来的。裕瑞的母亲是"傅（富）"字辈富文的女儿，这一记载是很可靠的。

裕瑞还记下了以下几点。雪芹那时已经有些发胖了，肤色很黑。性格诙谐，很善于言谈，能使听他说话的人终日都不会厌倦。他的小说里写的名王府第，都是实有的，只是改了名称。他也知道雪芹与平郡王府是姻亲，是诸府中之一门。

多铎是努尔哈赤三个幼子之一，为正白旗旗主。他的老府遗址就在后来的协和医院一带。

雪芹在无衣无食的时候，自然也曾忍受着耻辱去求告自己的骨肉同族和至近的亲戚，但他得到的却是侮慢和诽谤。这使他回想起从祖父起就为世人称道的慷慨助人的门风，而慨叹自身所受的轻贱。他在小说里特写一个村妇到荣国府去攀亲求助的经历，这位贫苦老妇人却得到了她所不敢想象的厚待。

这无疑是间接地反映了作者在这方面的切身体会。"炎凉世态"是他书中的一大主题。

雪芹到处遭到白眼。他最困难的时期，甚至没有容身之地，只得住在一家大府以南的附属马厩和府后的"水窝子"里。

"水窝子"是"水屋子"的音转。旧时北京城内饮水都是井水，有的井靠近官道，过往行人口渴了，就需休息买水喝，于是井旁就有人搭起一间简陋的小屋子，烧水卖茶，叫做水窝子。

雪芹处境的艰难，可以从中看出来。

雪芹曾寄命存身的大府是哪里？说来也巧，正是居民世代相传的叫作"西府"的那座巨大的宅第。

（三）敦敏、敦诚

曹雪芹在北京城中居住、游荡、流浪，所结识的朋友数量有限，其中最重要的两位就是敦敏、敦诚。他们是宗室兄弟，是雪芹的至交，他们二人的诗集中，保存了关于曹雪芹的诗篇，因而宝贵无比。

敦家的祖宗也曾是正白旗的旗主，住在北京内城西南角的太平湖侧，这里离平郡王府很近。这也为他们的相识提供了一个便利的条件。

曹雪芹常常到右翼宗学（雍正下令建立的学官之一）串门，便结识了敦敏、敦诚兄弟二人。因为他们两人，我们才知道了雪芹中年以后的一些情况。

敦敏，字子明，号懋斋，生于雍正七年（1729 年），比曹雪芹只小 5 岁，卒于嘉庆元年（1796 年）以后。敦诚，字敬亭，号松堂，别号慵闲子，生于雍正十二年（1734 年），比曹雪芹小 10 岁，卒于乾隆五十六年（1791 年）。他们两个本是胞兄弟，父亲名瑚玞（1710—1760 年），但敦诚在 15 岁时过继给叔叔宁仁为嗣了。他们是和硕英亲王阿济格的第五世孙。

曹雪芹之所以能和敦家兄弟成为好朋友，是因为他们气味相投，谈得来。也就是说，他们的遭遇、生活和思想感情当中，有许多共同的东西。虽然他们的经历不能全部相同，有很多差别，但这些差别比起那些共同的东西来，却是微不足道的。他们同是牢骚激愤，不平而鸣，同是经历、认识了"小政治"（统治集团内部矛盾）的丑恶才擦亮了眼睛，进而有可能认识"大政治"（整个社会）的黑暗。

身世遭遇、思想感情，是敦、曹友谊的基础，这

是毫无疑问的，但是敦敏、敦诚和曹雪芹结识，首先引起他们注意的，却是曹雪芹的才华风度。

曹雪芹是怎样的一个人呢？虽然我们所能获得的关于他的记载十分少，但是从这仅有的记载中我们也能想象到：这个人有趣极了。

有机会和他接近的人，最容易发现的是：他善谈，会讲故事。只要他高兴起来，愿意给你说，那他可以说上一天。他的健谈是有特色的。第一是他那放达不羁的性格和潇洒开朗的胸襟，能使他的谈话嬉笑怒骂，妙趣横生；第二是他的诙谐，信口而谈，不假思索，便能充满幽默和风趣，每设一喻、说一理、讲一事，无不使人为之捧腹绝倒，笑断肚肠；第三是他自具心眼，不同流俗，别有见识，凡是他所不同意的，他就和对方辩论，口若悬河，滔滔不绝，往往都能让人心服口服；第四是他的傲骨，愤世嫉俗，凡是他看不过去的事情，他就要加以揭穿，冷嘲热讽，使听者为之叫绝。

有了这几个特色，我们可以想象曹雪芹谈话时该是多么的妙语连珠、精彩百出。这就不用奇怪年轻的敦诚成为他的好友，并爱上这个人物了。

相处久了些，慢慢地发现，曹雪芹嘴上的妙处固然过人，肚子里的妙处更是不一而足，同时手上也有绝活。越是和他相处，越是发现这个人了不起。他成了敦家兄弟"一日不见，如隔三秋"的好朋友。

（四）以诗会友

曹雪芹在敦氏兄弟等人心目中，首先是诗人，然后才是文学艺术家。

这点是有证明的。敦敏在雪芹生时的诗句说他："寻诗人去留僧舍，卖画钱来付酒家。"在雪芹死后又赋诗说："逝水不留诗客杳，登临空忆酒徒非。"很显然是把雪芹当作诗人看待的。敦诚就更直接了，他后来回忆和雪芹在宗学相会相交的原因之一就是"爱君诗笔有奇气"。雪芹卒后，敦诚有一次和人联句，追怀所有的亡友，一一加以列举，其中就说到了"诗追李昌谷"的曹芹圃（即雪芹）。又有一次谈到他自己写作一折《琵琶行》传奇剧本，说明"诸君题跋不下数十家"之后，只举了雪芹的诗为例。由此可见，雪芹这位诗人在敦诚

心中有着多么高的地位。

为什么敦诚这样推许曹雪芹的诗呢？第一因为敦诚本人是诗人，懂得诗，所以能赏识曹雪芹的诗；第二因为曹雪芹的诗实在是好，比敦诚自己的诗要高明得多，所以敦诚为之欢喜赞叹，佩服倾倒。

曹雪芹的诗，也是有家学传承的。他祖父曹寅是康熙时期的一位大文学家，诗、词、曲三方面都有很高的造诣。那时期诗坛上人才辈出，曹寅只是一个八旗少年，利用他的特殊条件，广泛地结识了当时的诗文大家，尽情唱和，不但毫不逊色，而且颇有过人之处，为许多前辈们所惊叹。曹寅在清初诗坛上的地位和成就，应该说，不逊于纳兰性德。

曹雪芹对于这样一位祖父，当然是怀着爱慕和敬仰的心情。他虽然没有与爷爷有更多的接触，但爷爷留下的那部丰富多彩的诗集，他却下了功夫读过：种种迹象证明，曹雪芹对祖父的诗篇十分熟悉。他的诗风颇受祖父的影响是没有疑问的。曹寅的诗虽然各体风格不同，又善于汲取六朝、唐、宋诸大家的长处，但其特别喜欢宋诗并接受其重大影响的痕迹则十分明显——这就间接说明曹雪芹的诗也势必趋近宋人，具有熔铸矜奇的特色。

当然，这只是曹雪芹的诗形成的一个因素，由于环境条件、生活经历、性格才情的差异，曹雪芹的诗自然又有自己的风格和特点。

第一，他的诗绝不轻作。这并不等于说他不爱多写，数量少。而是说，无所谓的诗，他是不肯作的。可知他的诗里面绝少滥调陈言，更不用说无病呻吟，无聊应酬了。

第二，他的诗格意新奇，有奇气。这是敦诚告诉我们的。关于格意新奇，敦诚曾举雪芹为他题咏《琵琶行传奇》而写出了"白傅诗灵应喜甚，定叫蛮素鬼排场"的句子，敦诚称之为"新奇可诵"。关于奇气，是他回忆和雪芹在宗学聚首时而说的："爱君诗笔有奇气。"我们体会，这"奇气"和"新奇"有联系又有区别，"新奇"只是指诗歌的格局而言的，而"奇气"所指的东西更大、包容得更广了。

敦诚还提出过一点，那就是曹雪芹的"诗胆"。他称曹雪芹："知君诗胆昔如铁，堪与刀颖交寒光。"雪芹的诗胆如铁一样刚硬，而且如刀一样锋利。

这一点更是无比重要。在那个时代要认真写自己要写的诗句，确实是需要胆量的。当时写出"清风不识字，何必乱翻书"等句子的人，都遭了奇祸。人死了，诗句后来被发现有"毛病"的，还要"剖棺戮尸"，那活着的人要想写诗，得冒多么大的风险，得有多么大的"诗胆"？

我们可以想象，敦诚所谓雪芹诗的"奇气"，是和"诗胆"相关联的东西。遗憾的是，除了"白傅诗灵应喜甚，定叫蛮素鬼排场"这两句十四个字外，曹雪芹宝贵的诗篇没有流传下来。令我们后人感到无比遗憾。

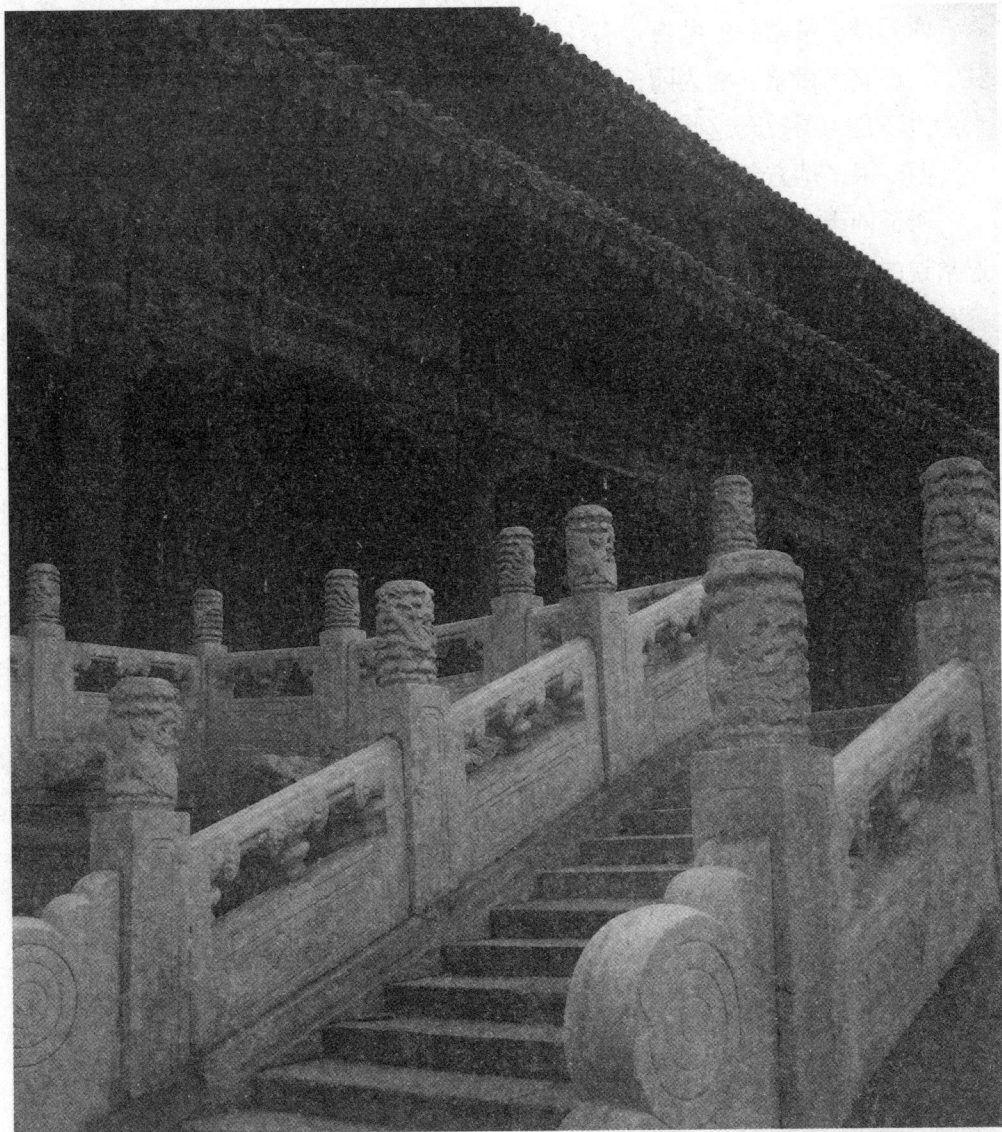

九、乡村生活

（一）西山僻巷

在北京城里只能住马厩和"水窝子"的雪芹，终于不得不离开北京城，到郊外去另谋生路。他出了西城门而远至香山脚下，中间还应有许多曲折。那时候，西郊是皇帝常到的地方，有几处著名的"御园"。这些御园各有众多的护军驻守，还有名目繁多的为园子服役的大量内务府属下的旗人和杂役。雪芹来此，大约也还是为了投奔这些人当中的亲友和旧识，为求一个寄身之地。

西郊很多地方都有过他的足迹。最后他才来到了西山近旁。

所谓西山，广义的范围极大，北京的西北是望不尽的层层峰峦。人们狭义上常说的西山，则指北京西郊离城最近的这一层小山，也有数不清的小山峰，各有美好的名称。香山不过是其中之一，大约就是雪芹最后居住的地点。

他这个住处，早已不可确指了。我们确知的是：他的友人称之为山村，秋天则称为"黄叶村"。沿着一条小"巷"或者是一条小山径，弯弯曲曲，很费力才能找到他的小房子，四周长满了蓬蒿野草，高得像要把房屋掩起来。门前是一片野水。出门一望，就是近在咫尺的碧水青山。环境是美的，可是那小房子的简陋，让来访的友人都为之叹息难过。屋子是用草木搭建的，连最基本的家具也没有，那种贫困的情境，城里的人难以想象。

雪芹素来喜欢这种山村的幽美之境，但贫苦的状态，却也是不容易忍受的，正如他自己所说："富贵不知乐业，贫穷难耐凄凉。"他对自己原也是个"浑身矛盾"的人，非常清楚。

他的好友敦家兄弟了解他，说他是"举家食粥酒常赊""日望西山餐暮霞"。这前一句用的是唐代大书法家颜真卿的典故，他穷得没米，全家已经多日只煮稀粥吃了。后一句是借用道家练气功的用语，比喻雪芹常常没有饭吃，只好眼望着西山"吸"那云霞之气，这里说得极文雅有趣，实际上却苦得很。

雪芹这时的收入有两个来源：一个是卖画，一个

是当村塾的老师，教一些村童们念书认字。

做塾师通常叫作"教馆"。雪芹在城内做西宾，大约也与此有关，是做先生教书，而不是管案牍的相公。还有传说他在外县教过馆，那么他到山村里，仍然借教馆维持生活是极有可能的。村塾的先生待遇是极低的，民间常常流传着一些名人未"发迹"时做馆师的那种寒酸境况的故事，是人们茶余饭后的笑料。雪芹之友说他是"司业青钱留客醉"，意思是借诗圣杜甫的诗句来比喻雪芹留客人酒饭时，只有借苏司业（苏涣）那几个铜钱来待客。这"司业"原是国子监的官名，在此也许就是馆师的借称了。

雪芹画得一手好画，画几张画卖些钱。友人说他"卖画钱来付酒家"，就是指他没钱时向酒铺赊酒喝，等卖了画，再还积下的酒债。

生活的穷苦窘迫，一直紧紧地跟随着雪芹，困扰他的神思才智。

（二）　写作情况

乾隆九年（1744 年），敦诚进入石虎胡同的右翼宗学去读书了，他的哥哥入学自然比他还要早些。到乾隆二十二年（1758 年）秋天，敦诚把一首诗寄给已经在山村的雪芹。

这首诗开头先从雪芹的先世写起，叙述了他家门的败落，处境的艰难，说到他与司马相如有相似的经历，曾开小酒店为生。回忆他们在右翼宗学剪烛夜谈的往事，盛赞了雪芹的才华气概迥异于常人。感叹如今远隔两地，十分怀念。最后劝雪芹说：您不必再向那些富家求乞，做他们的"食客"而遭受轻贱了；最好的生涯就是在山村继续写书，这才是不朽的事业。

看来，敦诚不但对雪芹的为人是倾慕备至，就连他写书的事，也是鼎力支持的。敦诚并不像一般人鄙视作小说是"下流"的事，他的其他诗句中也常常暗示出雪芹写《红楼梦》的事实。

敦诚这时在喜峰口，他正随叔父在这个长城的关卡处居住。

从敦诚的诗句语气来看，雪芹此时到山村恐怕还不久，也许还不时有回城谋生的打算。在此前三年，即乾隆十九年（1754 年），脂砚已经抄出《脂砚斋重评石头记》的前部分若干章节了。这个抄本卷前有一首诗，也很重要。

浮生着甚苦奔忙？盛席华筵终散场。

悲喜千般同幻渺，古今一梦尽荒唐。

漫言红袖啼痕重，更有情痴抱恨长。

字字看来皆是血，十年辛苦不寻常。

这首诗描述了雪芹写小说时的复杂感情，语调十分沉痛。也揭示"十年"这一时间跨度，这也许说明，过去的十年光景，正是雪芹在城内叩富家之门，充当西宾的日子。

在敦诚寄诗前一年的农历五月初七日，脂砚已经整抄出七十五回的《石头记》来。在这回书的前面，她写了一行题记："乾隆二十一年丙子五月初七日对清。缺中秋诗。俟雪芹。"

还有两行字，是暂记的残缺的回目，很多字是空格。

这一切表明了一个事实：雪芹的写作生涯，并不像现代作家那样幸福。由于生活十分贫困和不稳定，由于性情的放浪，随手信笔，乘兴而书，再加上任人借阅，他的手稿的情况是十分凌乱不整的。日子久了，每回书的首尾便弄得残破了，甚至失散了。中间偶然留下的当时未定的空白之处，也等着他补齐。

这些，雪芹自己有时是忙着往下写精彩篇章，暂时顾不得前边的琐碎之处，有时是任性之笔，兴尽之后，就不写了，也不放在心上。这样的情形，使书稿的命运常在危险之中。

于是，这些琐碎却重要的工作，就都落在脂砚斋的肩上了。

这脂砚，便是那首题诗中的"红袖"——这个词语在古汉语中是指代女子的。那"情痴"，则正是指作者曹雪芹了。他们二人经历了"千般"悲欢离合，感到以往的前尘旧事真同一场梦幻，已经杳不可寻，却历历在目。

有一部模仿《红楼梦》的续书，写到了雪芹早先著书时的情景，竟然是他坐在炕上，地下几个"小厮"（年轻的仆役）围坐，听他口讲，做笔录。

这种"作书"的方式，听起来很离奇，似乎很不合理。但在雪芹说来，有人请他喝酒吃烧鸭，他兴致来了，就用口讲，像市井"说书"的艺人那样，是完全可能的。有几个人记录，然后整理统一"定稿"，因此现存的抄本《石头记》中时常出现同音的错别字，这种情况如果不是由于听音记字，就很难解释了。

当然，并不是说《石头记》全体或大部分是这样写成的，而是说至少有若干部分、片段，确实是这么记录成文的，它与作者本人亲自书写的文字，是有些差异的。

这应该还算是他在"顺境"中的作品，至于他在逆境困境中，那种艰难与坎坷，远非今日所能想象。这会造成他书中的残缺、断落，文字风格略显不同，情节偶失平衡照应等细小遗憾。对这些，以往的评者不止一次地提出"质疑"，那是因为不了解雪芹的书是在怎样的情况下写的，不能体会雪芹写作时一身所承担的沉重负荷与多层的痛苦，有些部分甚至是在贫困忧愁、饥寒交迫下写出的。

（三）脂砚斋

脂砚斋的真实姓名是不便、不肯也不敢公开的，只是用化名"脂砚斋（主人）"，意思是用胭脂来代替墨汁的人——这显示了她本是一位女性的事实。

脂砚斋，她也就是用朱红色的字来细细点评《石头记》的那个"神秘的人物"。

雪芹由于立志要写成这部小说而遭到同族与亲戚等人的笑骂唾弃，但他也不是完全没有得到同情与支援。这是他一生最大的奇迹，这个同情与支援者就是脂砚。

从数以千条计的脂砚斋评语来看，其思想与感情的焦点是以全部心神来赞美作品的，又是以全部心神来关切作者、疼怜作者、爱护作者、体贴作者、崇拜作者！她是雪芹第一个深刻的知音。她透露了内容中大量的深层的涵义和艺术的妙处，也透视了作者的心理活动和精神境界。没有她的批点解说，有许许多多的重大问题是我们永远不能读懂的。

由于她最理解雪芹之为人，最爱护他所写的小说，她不但细加批点，而且还做了大量其他的工作，可以说她是一个写作助手、一个整理人、一个鉴赏者、一个保护原稿者、一个宣传者。

我们可以列举一些她做的辅助工作，比如决定书名，建议将小说里的某些重大情节做删改，校正清抄本的文字，代补了许多空缺之处，代撰整回的缺文；她掌握稿本的章回情况，建议改动设计；她为书中的隐语，难解的僻字，都做了注解；她为此书做出了"凡例"，列于卷首，并题了总诗，替全书做了批语等等。脂砚斋确实是曹雪芹的一位非常重要的助手乃至合作者，《红楼梦》的撰写，其中包含着她的功劳和功绩。

曹雪芹穷愁著书，有了这样一位同道和密友、亲人，精神上的快慰和激动，是不用说的。他们俩除了原来的亲密关系，又加上了这一事业上的合作，感情更是非比寻常的。

脂砚斋借着批点书稿的形式，有时与读者讲话，有时与书中人物"叙旧"，有时与作者"交谈"。有时兴致很高，诙谐幽默，但更多的时候是感伤思念。她的许多批语与书稿一样，是"滴泪为墨，研血成字"的。

寒闺冬夜，孤独寂寞的脂砚，克服重重困难，辛苦不倦地为《石头记》尽她的全部心力。

然而，我们从脂砚斋的许多批语来推断，她与雪芹并不能经常聚在一起。她的批语是在与雪芹不能会面时做的，那隔离着的情况，从批语口气中有明显的透露。这当然可能是雪芹出外南行了，但可能还有别的缘故，是被迫分开的。这也许是由于生计上的问题而不得不做出的安排。也有可能是被迫而暂避，因为二人的频繁相见在当时舆论里是"不合法"的，是不光彩的事情，有人施加压力，逼他们离开。这样的知音却不能时常见面，交流感想，这是多么大的悲剧呀！

（四）凄惨离世

曹雪芹在"黄叶村"里过着饥寒交迫的困窘生活，转眼就到了乾隆二十八年（1763年）。

每当春暖花开，雪芹都要和朋友们赏花饮酒，聚在一起，而今年却一次也没有提起来这种兴致。连好友敦诚的30岁生日聚会，他都没有去。

三月初一，是敦诚的生日。今年又恰逢敦诚的三十整寿。敦敏为了庆祝弟弟这个三十而立的大日子，邀请了很多朋友来聚会，当然一定邀请了曹雪芹。

到了敦诚生日这天，始终没见到雪芹的身影。若在往常，雪芹说什么也兴致勃勃地去赴约。今年，他竟然没有到场。

　　雪芹之所以没有来，是由于贫病交加。这一切原因，敦敏、敦诚两人其实是明了的。

　　俗语说："福无双至，祸不单行。"大概真有这种情况吧，不顺心的时候，竟然是一事不了一事又生。

　　从这年春末夏初开始，北京地区出了一件百年不遇的大事：痘疹横行。

　　出痘是人生一大关，必须过了这一关，生命才算有几分保证，不但小孩，大人也是如此。雪芹的友人家，遭此痘灾的，单是敦家一门就有五口。雪芹只有一个孩子，是前妻留下来的，可怜孩子没有母亲，所以曹雪芹特别珍爱他，也是雪芹穷愁中唯一的一点牵肠挂肚的骨肉。在痘疹猖狂的岁月里，家家的小孩朝不保夕，人心惶惶。雪芹为此，真是忧心如焚——不要说进城去会亲友，简直是没有心思做任何事了。

　　可是，哪里有雪芹能够幸免的事啊，他最怕的事情终于发生了：他的爱子染上了痘疹。雪芹又没有钱给孩子看病，只能眼看着染病的孩子一天天地衰弱，日渐垂危。到了这年的秋天，孩子终于没能挺过去，让病魔夺去了生命。

　　痘疹夺去了雪芹爱子的生命，也就夺去了雪芹的生命。

　　儿子死后，雪芹悲痛万分，据传说，他每天都要到小坟上去瞻顾徘徊，伤心流泪，酒也喝得更凶了。虽然友人劝慰，但是又怎么能治疗他心灵上的巨大创伤。忧能伤人，再加上各方面的煎迫烦劳，不久雪芹自己也病倒了。

　　"举家食粥"的人，平时的日子都不好过；卧病在床，又没有什么营养，更没有什么药物。朋友中间或者有能给他一点帮助的，然而今年敦家丧祸不断，泪眼不干，自顾不暇，哪里还顾得上数十里外远在西山脚下的曹雪芹呢？甚至可能连消息也不知道。雪芹的病，病根在心，又加上生活的无着无落，怎么能好呢？他的病情，从秋天开始渐渐地严重了。

　　乾隆二十八年癸未的除夕（1764年2月1日），别人家正是香烟爆竹、笑语欢腾的时刻，雪芹却在极其凄凉悲惨的情境下离开了人世！

　　乾隆二十九年新年即1764年的正月初二，敦诚家的看门人来禀报，说有一个老者求见，是曹二先生家里打发来的。敦诚很高兴，雪芹总是礼数周到，还想着大老远的来人拜年，就让人快点请进来。

进来一位农民打扮的老者，却是一身蓝布新衣裳，新鞋帽，见面先行下礼去，口说"新春大吉大利"。敦诚连忙搀起，作揖谢道："老人家您辛苦了，大老远地进城来……"话还没说完，只见老者从怀中掏出一个素白的信封，敦诚吓了一跳，先不接信，忙问："怎么是白纸的？"

老者的泪水滴在手上："曹二爷没了。"

敦诚脸变了颜色，接信的手颤抖着。

"怎么就不行了？哪天的事？可留下什么话？"他急切地问道。

"曹二爷是年三十没的。他家里昨天就让我送信来，我说大年初一，谁没个忌讳？就推到今天才来。"

"怎么就偏赶大年夜这个日子？"

"他是病缠久了，又贪几口酒，不肯在意保养。过年了，谁家不添点酒饭？大年夜又是守岁的时节，他新得了酒，可就没了拘束，太过量了。人一下子就禁不住……"老者说不下去了。

"临危有什么说的吗？"

"听说是来不及说什么就不行了。只听说他说过，书给毁了，还没弄齐，死也闭不上眼啊。"

"家里呢？"

"家里什么也没有，真叫可怜！病重时，也没有钱买药调治调治……"

敦诚像木头一样站着。接过白信封的那只右手，还在颤抖。

这样一位旷世奇才，正像他自己比喻的：是一块落在荒山下补天用的奇石。他一生的结局是脂砚斋所说的，如同杜甫一样：生遭丧乱，奔走无家，数椽瓦片，就遭贪吏之毒手。甚矣才人之厄也！也是归结到一点：天生才人，一生受尽了厄运的折磨、摧残和陷害。

曹雪芹死后十二年，即乾隆三十九年甲午（1774 年）的八月，脂砚斋在她手藏的一个抄本的开头处写下了一段沉痛的批语。这是脂砚逝世前的最后一段批语，也可以说是她的绝命词。雪芹泪尽而亡，抱恨的就是全稿的后半已经遭到了破坏，不敢说希望真本必须永存天地之间，不容破坏，而只能说"再出一芹一脂，是书何幸"。